U0920251

パラダイムシフト
新しい世界をつくる本質的
な問いを議論しよう

范式改变与未来世界

[波] 彼得・费利克斯・格日瓦奇（Piotr Feliks Grzywacz）/ 著
岳珊 / 译

华龄出版社
HUALING PRESS

图书在版编目（CIP）数据

范式改变与未来世界 /（波）彼得·费利克斯·格日瓦奇（Piotr Feliks Grzywacz）著；岳珊译 . -- 北京：华龄出版社，2022.4

ISBN 978-7-5169-2202-6

Ⅰ . ①范… Ⅱ . ①彼… ②岳… Ⅲ . ①人物—访问记—世界—现代 Ⅳ . ① K812.6

中国版本图书馆 CIP 数据核字 (2022) 第 055456 号

北京市版权局著作权合同登记号　图字：01-2022-1162 号

策划编辑 颉腾文化　　**责任印制** 李未圻

责任编辑 貌晓星　　**装帧设计** Colin

书　名	范式改变与未来世界	**作　者**	[波] 彼得·费利克斯·格日瓦奇（Piotr Feliks Grzywacz）
出　版 发　行	华龄出版社 HUALING PRESS		
社　址	北京市东城区安定门外大街甲 57 号	**邮　编**	100011
发　行	（010）58122255	**传　真**	（010）84049572
承　印	北京市荣盛彩色印刷有限公司		
版　次	2022 年 5 月第 1 版	**印　次**	2022 年 5 月第 1 次印刷
规　格	880mm × 1230mm	**开　本**	1/32
印　张	8.25	**字　数**	164 千字
书　号	978-7-5169-2202-6		
定　价	59.00 元		

范式【paradigm】

①〔名〕可以作为典范的形式或样式。按《现代汉语词典》(第7版),例如,论文写作要符合科学范式。

②〔哲〕柏拉图哲学认为它是作为事物范式的理念。在现代,美国科学史家、科学哲学家托马斯·库恩(Thomas Samuel K.)提出该概念作为科学史叙述的框架,指一定时期内指导科学研究的示范成果。之后被普遍化,开始指代某一个时代占统治地位的看法和该时代共通的思考框架。

(《广辞苑》第7版,岩波书店)

前言
范式变化的机会来了

大家注意到了吗？

2020年新冠肺炎的全球性入侵彻底改变了我们日常生活中的各种“理所应当”，如每天早上的上班高峰、工作结束之后的酒会都消失了。面对这些突如其来的改变，有人会说“这是范式变化”，他们认为，**“范式改变是指曾经以为理所应当的思想、认识和社会价值观发生剧变。”**

但是，我并不认为早高峰、酒会消失这些表面现象的变化属于范式变化。我们应该关注的是背后的真相，关注为什么发生了这些变化，其本质含义是什么。

环境问题、全球化经济应有的状态和宗教问题、城市与基础设施的状态、生产与物流的关系，还有劳动方式等各种各样的“理所应当”再一次受到了质疑，而新冠肺炎不过是一个契机。

置身于熊熊燃烧的森林之中，如果只会因为眼前树木的不断烧毁而战栗不已，则根本看不到森林的全貌。但是，后退一步远观的话，就会发现整片森林已经消失殆尽。

我在波兰出生长大，10多岁的时候亲眼见证了波兰社会范式思维的失败，这种经历简直就和“森林”付之一炬如出一辙。

被无数谎言包围的时候，保护我的只有“事实”。我总是直面各种状况，只为追寻事实。即使在“理所应当”的日子里，**只要冷静地**

去凝视事实，“本质”就会显现出来。

我并没有去反思现代社会大量生产、大量消费的这座“森林”的全貌。通过直面过度发展的资本主义，我感觉到人类面临的问题和扭曲正在日渐扩大。

例如，在宣布进入紧急状态、改为居家办公之后，应该有不少人开始练瑜伽、慢跑，自己开火做饭。乍一看这些都是非常健康的生活方式，但是如果无条件地夸赞这些行为，好像又有点不对劲。令我们的生活丰富多彩的运动服装和食品，到底都是从哪里来的呢？

一方面，运动服、运动鞋还有瑜伽垫，大多是用以石油作为原料的聚酯加工而成。这些加工厂附近，也许就有人深受化学物质的毒害。生产瑜伽垫的人说不定就是贫穷国家的孩子们。另一方面，在日本到底有多少衣服一直被压在箱底，根本就没有被穿过呢？一旦生产出来新产品，旧衣服就会被当作不可燃烧的垃圾扔掉。它们的原料是塑料，要在自然界降解，需要上千年的时间，而且最终也不会变成有用的养分，只是分解成碎片，成为地下、水里的有毒物质。

这种对石油的消费循环往复，和2020年毛里求斯的石油泄露事件有什么区别呢？

同样的事例不胜枚举。牛油果作为健康食品备受关注，在世界各地的需求不断高涨。而在牛油果的主要产地墨西哥，贩毒集团企图操控这笔生意。当地的种植户为了自卫，配备武装奋起反抗。在三文鱼的出口国智利，当地居民放弃了传统的捕捞方式，转而开始人工养殖三文鱼，导致自然环境进一步恶化。在环境恶劣的加工厂里，劳动工人工资待遇低、事故频发成为问题。我们优渥的生活是建立在世界的联系和矛盾之上的。例如，现在的日本，有很多食物只为在社交媒体上亮相，晒图之后根本没有人动过就被扔掉了。

为了切断这些联系，要把聚酯产品从我们的生活中清除出去，实现完全的自给自足，这几乎是不可能的。但是，在一定程度上接受这些矛盾，每个个体一点一点地意识到其必要性并逐渐改变消费方式，从而带给地球积极的影响，让它进入良性循环，这一点是非常可行的。通过有意识地选择去重新构筑全球化规模的巨型经济模式是能够实现的。We are apart,and a part.（我们都是独立的个体，也是构成更大群体的组成部分。）

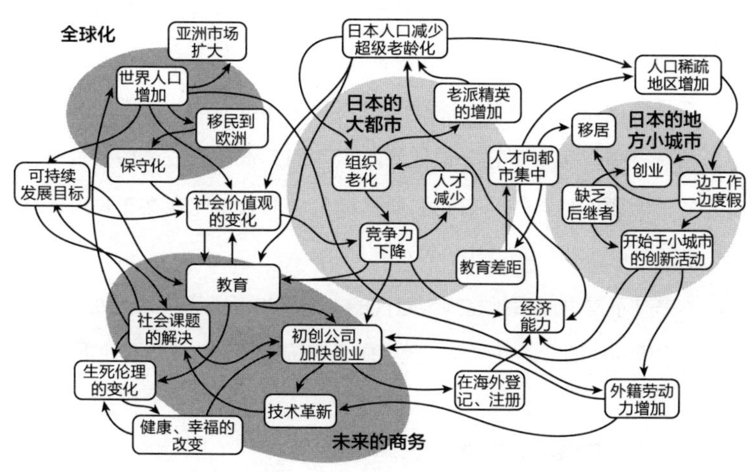

我们和世界的联系

新冠肺炎疫情凸显的事实就是我们每一个人都是像这样联系起来的。尽管物理性地分隔开了，但是人与人之间是相互关联的。

感染暴发之后，跨越国境的行为和物流受到了明显的限制。全球化供应链被切断，各种物品的生产和运输陷入停滞状态，以前理所应当轻松入手的东西得不到了。也许因为这个原因，好多人才蓦然发现，原来发生在某个遥远国度的事情并非与自己无关。**“世界的问题”就是“自己的问题”**，这是范式中最本质的问题。不能仅仅停留在世界大流行这种表层的问题上，时代要求我们去感知到底是怎样的构造、体系和平衡在推动世界，并采取行动。

在预防新冠肺炎传染扩大的紧急事态得到解除的时候，有人在社交媒体上发布消息说：“游乐场里居然人山人海，实在出乎意料。”但是，在社交媒体上发言的人本身是一个独立的个体，同时是造成拥挤的群体中的一部分。如果每个个体都把它当作自身的问题去改变自己的行动，也就不会出现人山人海的状况了。

不是病毒在改变世界，能够改善或者破坏世界的，通常是人类的行为。新冠肺炎病毒不容分说地暴露出我们不曾留意或者假装没有发现的各种问题。那么，今后我们要选择怎样的未来？现在正是应该认真思考的时候。

本书并不是讲述后新冠肺炎时代的，而是思考关于范式改变和其中蕴含的本质问题的。通过本书，我想向大家传达以下四个步骤的重要性。

认清自己和自身的状况

每个人应该都纠结过什么是生存的意义。不仅是追求梦想和希望，还要秉持信念（自己认为正确的事情）和价值观（重视的事情），希望收获更多的幸福。这是理所应当的。

但是，只有一些含糊不清的信念和价值观，一到需要用语言表述的关键时刻却不知从何说起，这也是事实。在日常生活中**要明确自己的好恶，去感受什么时候会心情愉悦，什么时候会不安、难受。**只有意识到这些细节，养成自知的习惯之后才能更明确地认识到自己到底是什么样的人。

其次，**要思考自己的价值。**个人的强项、弱点、隐藏的才能、不为人知的部分，到底都是什么。只有将自己意识到的个人职责、社会所赋予的期望以及个人想要获得的东西平衡好之后，才能理解生而为人的意义，感受到幸福。

认清世界的状况

俯瞰世界状况的时候，有一个非常重要的视点，那就是任何时代的经济始终在反复变化，它**包括模式、趋势和循环这三种变化要素。**

以流行服装为例。

首先是模式。**所谓模式，也可以叫作商业模式。**裁缝缝制好的衣服，通过批发商进入商店出售，这是一种商业模式。或者像优衣库那样的自有品牌零售商业模式（SPA），以低廉的价格在亚洲的工厂大量加工，然后批发出售，这是另一种商业模式。

第二点是当时流行的趋势。趋势就是如今大多数人关注的、不断提及的对象。在这里经常伴随着某种条件下容易出现的反应和结果。换言之就是存在一种法则，通过一定的刺激使人心发生变化。我们甚至可以说刺激时装消费就是遵循这一法则的刻意行为，它巧妙地运用了人类本能的从众心理（和周围保持一致）。我们不妨来思考一下，世界上到底是谁出于怎样的考虑在创造趋势，引导人的意识和行为向一定的方向发展呢？

第三点就是时装的流行在循环变化。现在流行的就是和 20 世纪 90 年代类似的潮流。在此之前，20 世纪 80 年代的流行时尚令人们赞叹不已。还有一段时间，20 世纪 70 年代的时尚风靡一时。这是一种思维方式，不会全盘否定上一个时代的东西，而是在合适的时机让它焕发新生。

意识到这些问题，就会发现世界政治、经济的均衡以及它们发生变化的背景，能够理解自己置身于怎样的时代潮流当中。

知道自己有多种选择

我们其实一直有很多选择，超出我们的预想。尽管如此，你有没有在职场或区域社会中做出主动减少自己选择的行为呢？例如，“我人微言轻，不应该在这里发言”“我刚搬到这里，还是少管闲事为好”等。它们其实也是一种选择，为了规避麻烦和争执，决定不采取行动。**乐观地看待问题还是悲观地思考，或者什么都不做，这些行为都取决于你自己。**

对于每天毫无意识的行为，如果开始尝试去认真思考每种行为的意图，你应该会发现你将面临这样的选择，诸如“我想变成这样”的想法。

思考所做选择的责任和自己造成的影响

个人所做的选择，无论好坏，都会对世界造成影响。前面也提到了，人山人海不过是由每一个选择“去”的人造成的结果。从公共场所到私人领地，“请勿践踏草坪”“行走时请不要超过白线”之类的规矩无处不在。原本应该是先想象自身行为将会导致的后果，在此基础上采取应有的行动。但是在这个规则泛滥的现代社会，可以说根据后果来选择自身行动这种机会越来越少了。

但是，不加判断地遵守规则，这种行为对于提倡规则的人来说分散了风险；对于遵守规则的人来讲，多了一种借口。原本应有的理想状态是什么？只要稍微发挥想象力，作为人，应该能做出自知的、负责任的判断。

现在正好是解决世界问题的大好时机。**得益于长久以来人类历史积淀的智慧和资源，才有了我们现在的生活。**那么，正确地使用它们，为了解决人类、地球的问题去回归本真，正是我们这些现代人肩负的社会责任。前面介绍的四个要素，就是我们每一个人直面世界的问题、探求本质问题的步骤。

在撰写本书的时候，我采访了21位活跃在世界各地的投资家、创业家、经营者、教育者以及艺术品经销商等各界人士。为什么特意采访了各个领域的代表人物呢？是因为我想通过聆听拥有不同价值观、不同信念的人们的意见，尝试从更广泛的角度去捕捉范式的多样性。虽然其中有些范式看上去截然相反，但是本书的目的并不是比较基于多种世界观的范式并使之同时成立。我想告诉大家：它们将通过建设性的意见**创造丰富多彩的世界**，面向同一个未来。

今后我们将迈进一个思考方式和价值观日益多元化的世界，各位读者周围也会存在和你拥有完全不同世界观的人，在那个时代和他们共同生活下去，会成为再自然不过的事情。到那时，完全没有必要去对比双方的世界观，试图去调整或者统一它们。各自的意图从本质上看应该不会有太大的悬殊。书中21位各界嘉宾的故事都非常精彩，富有启迪意味，对于我们迎接今后丰富多彩的时代有极大的参考意义。

19世纪德国的哲学家弗里德里希・黑格尔围绕研究这种状况的认知和变革，提出了“扬弃”这一概念的重要性。它的含义是：对于某种事物、概念，即使曾经否定过，也不要完全抛弃构成它的个别要素，而是将它保存下来，等到更高的阶段再有效利用。换言之，扬弃就是一种思维方式，在否定过去的世界和不同世界观、发生新的范式改变时，**不要彻底抛弃曾经否定过的范式，而是将已有的范式所具备的合理因素活用在其他新范式当中。**

日本及世界各国面临着一场突如其来的变化，这种变化应该是和新世界密切相连的。

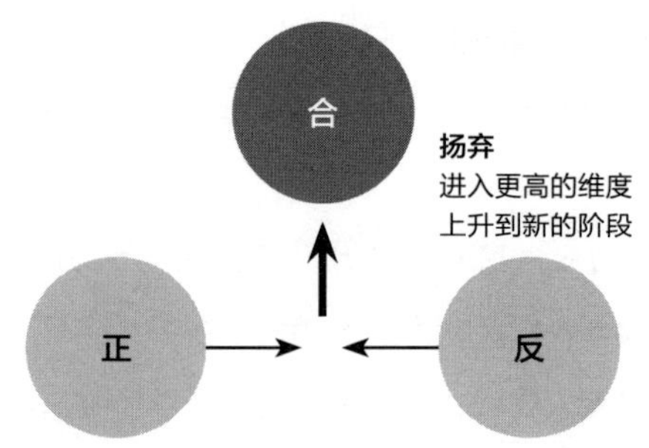

不是一边否定一边彻底抛弃，而是保留积极的因素，让它在更高的阶段发挥作用（扬弃）

扬弃

在执笔过程中，我深切地感受到，要把全新的价值观和世界观融入我自己的生存方式中其实并不容易。即使大脑能够理解，将它付诸行动又是另一个层面的问题。我希望阅读本书的读者们，能够扬弃过去的范式，把握重新定义它们的时机，开启一个全新的时代。我怀着这样的想法写完了这本书，希望能够为大家创造这样一个契机。

让我们重新审视自己的生存方式以及生存的意义吧。正因为经历了重大的变化，现在才是改变自身范式和社会范式的好机会。如果本书能够助力大家生活在一个充满力量的时代，我将感到无比荣幸。再次对书稿中配合采访的 21 位嘉宾表示由衷的谢意。

2020 年 11 月

彼得・费利克斯・格日瓦奇

目录

第 3 章　重新思考“工作”的意义

第 5 章　“生活方式”“关联方式”会变化

第 6 章　阻碍实现自我的真正原因

序章

走投无路的资本主义

＞未来社会将何去何从

这个世界经历了从产业革命再发展到资本主义的过程，我们一直以来都相信物质上的富足就意味着幸福。市场资本主义是一个为了扩大需求和供给的系统。每一天，媒体和商家都在发布新的潮流，不断告诉我们"拥有这个你就会引人注目""使用那个就会增加家人团聚的时间，可以更好地为家人服务"。这些不断涌现的商品和服务始终在向个人强调富裕的意义。于是，**人类无穷无尽的欲望促使经济充满活力，世界变得繁荣。**

但是，伴随着经济的成熟和全球化的发展，过去的资本主义机制失灵的情况日渐增加，出现了不少社会问题、经济摩擦，加上地球环境的负荷越来越大，这些问题相互交织、日趋严重。

日益复杂化的社会当中，富有的资本家掌握的财富越来越多，贫穷的人们变得越来越穷。如今也是一样，这种贫富差距在日本以及世界各国不断扩大，美国应该算是其中的典型了。据彭博社报道，全美前 50 名富豪的资产总和几乎等于 50% 最贫困的人拥有的财富总和。新冠肺炎加速了经济的变化，使少数亿万富豪从中受益。

在追求物质富足的过程中，人口不断向大城市集中，由于大量生产体制造成的环境污染、气候变化等新的问题接连不断。长此以往，一定会走投无路。出于这种危机意识，SDGs（联合国可持续发展目标）应运而生，成为世界共同的新目标。

在企业中也出现了新的矛盾。原本企业是为了解决社会问题、通过创造价值而发展的。例如，面对“能否更轻松地移动到远处”这个课题，企业进行了技术创新，研发了汽车。通过在市场上的交易，规模不断扩大，社会越来越富有，企业也不断壮大。

但是，当企业的价值表现为市场价值总额（股价乘以所发行股票数量）的时候，为了提升股价，企业开始设置研发中心，积极推进开发新型商业模式，不断开拓新的市场，就会导致一个奇怪的现象：迷失自我，忘记这个企业的初衷。“因为开放式创新兴盛一时”“如果不致力于联合国可持续发展目标，股价就会下跌”，如果出于上述理由进行技术创新，这只能是本末倒置。企业为了解决社会问题进行一些超出现有模式的交易，是天经地义的，而不是在事后匆匆忙忙投入。然而，有的金融机构忘记了这一点，只顾着想方设法尽可能多地卖掉股票和债券来盈利，我只能说这实在不太像话。

另一方面，一部分新创办的公司推出了充分利用共享经济、区块链的新型商业模式。超越“公司”这个框架，创办以社会价值为起点的业务，**出现了新的发展趋势，不是独占资本和创意，而是作为共同体来解决社会课题。**同时，交易市场的形态也发生了很大的改变，人们可以直接向金融市场投资，通过众筹直接向支持者筹措资金，无须借助传统的平台，形成了一个个高效、合理的共同体。于是，日本的投资家们也开始投资，去创造这种潮流。

助长不平等的是我们自己

现在正是一个能够客观、彻底审视自身所处境况的最佳时机。就像按下遥控器的暂停键一样，停下脚步观察自己周围的环境，就会发现在现在的范式中存在各种矛盾、不公和扭曲，对于我们曾经认为是理所应当的经济结构也会产生很大的疑问。

企业的根本目的并不是增加股东和机构投资者的利益。竞争固然在市场中承担了重要的职责，**但是繁荣发展的根本原因就不是竞争，而应该是合作和协力。**

当然，否定资本主义本身未免操之过急。问题是在资本主义制度下，作为玩家的投资家、创业者、经营者、劳动者还有消费者，他们都没有注意到资本主义的“偏见”。

所谓偏见是指给思考和判断带来特定偏差的思想原因，由于获得的信息有失偏颇造成了认识上的扭曲。例如，在市场资本主义的世界里，存在以下偏见：

偏见 1　市场是均衡的结构

持这种偏见的人认为市场保持均衡状态的结构。有一种观点是：市场就像一个固定大小的蛋糕，如果第一家公司占有市场获得收益，那么第二家公司一定会出现亏损，这种想法背后就是“零和（zero-sum）”这种偏见在捣乱。实际上通过合作和协力可以创造新的价值，市场这个“蛋糕”就会越来越大，用户增加，价值越来越高，总和就应该是正数（plus-sam）。但是在以往的市场资本主义中，“利己主义”已经变成了繁荣的原动力。优先考虑的是让自己和家人获得财富，以此为借口，满足私利、私欲和利欲熏心的行为都被认可。这种思维方式使富人越来越富，而穷人越来越穷，助长了不平等。这种状况恐怕是不争的事实。

让我们的思考阴云笼罩的资本主义偏见：

偏见 2　价值决定价格

一般说来，股价高的公司常被认为是好的公司。但是，其中也许会有黑心企业或者违法的公司。而具有社会价值的公司却往往没有上市。

另外，市场行情是：在东京的一流公司上班的员工，薪资水平高于在外地的中小企业工作的人群。但是这并不代表东京员工的能力高于外地员工，能够有更好的产出。

诸如路易威登这种高级品牌。我们也不能断言，因为它的价格很高，所以一定比具有相同功能的其他品牌的产品品质更好。实际上奢侈品至少包含 800% ~ 2000% 的品牌溢价（加在原价上的一定量的利润、利润幅度）。据说 15 万 ~ 400 万日元之间的手袋成本只有 2 万 ~ 4 万日元。

那么价值到底是什么？对于通过市场、市价或者交易打造出的价值，我们是不是毫不怀疑、欣然接受呢？

偏见 3　经济的合理性

这种观点认为，人对于自己投入的资金、劳力应该尽可能多地索取成果，不断地只致力于自身效用、利益的最大化，这种人叫作经济人，是按照获取最大利益这一经济原则而合理行动的个人。这种思维方式很有典型性，表现为努力工作、储蓄，退休之后安享晚年。这并不局限于个人。

公司里经营者的责任，经常被认为是增加自己和股东的利益。但是公司原本的目的应该是为所有的持股人（社会、顾客、员工及其家人、地区共同体、股东）增加幸福感，经营者拥有的杠杆要素应该面向公司的所有持股人，并发挥重要作用。

利用上述的经济人消费行动和观念获得收益的生意依然大量存在。但是同时，出现了一种新的范式：不盲目追求利益，也不反驳人们的偏见，而是创造出全新的价值源泉。推动经济的法则随着时代的发展不断变化。如果希望拥有公平、可持续的繁荣经济、高效运转的民主主义和市民社会，**就需要有新的机制代替现行的建立在竞争基础之上的资本主义。**

例如，通过区块链的加密资产交易，**市场上出现了新的变化，价值不由股价和市场行情决定，而是由人们的信用和社会的信任来担保、运行。**而且，社会创业者开始出现，他们以通过商业模式解决社会课题为己任。商业模式的本身也发生了变化，众包等开放源码的势力不断扩大。

这种动向以共享经济和众筹的形式，自然而然地给消费者的精神和行动带来了改变。与从前那种根据定价消费、获取利益的单向利益循环方式不同，通过重新定义社会价值以及作为人追求幸福的意义，价值和利益开始回流到人与社会之间。

01

飞鸟控股株式会社执行主席

谷家卫先生

投资家描绘的未来世界：共生、共鸣、友善

谷家卫先生作为投资家，创办了著名互联网人寿保险公司 Life Net 生命保险株式会社等各种初创公司，为 NPO（非营利组织）、NGO（非政府组织）提供支持。年轻的时候活跃于美国的投资银行所罗门兄弟。之后，参与并策划设立了位于轻井泽的世界联合学院 (UWC ISAK)。他和我交流了本书谈到的过度的资本主义对新冠肺炎冲击的影响和日益严重的社会问题。

采访

谷家卫

飞鸟控股株式会社执行主席。出生于 1962 年。从东京大学法学部毕业之后，进入所罗门兄弟。是亚洲区最年轻的总经理，统管日本及亚洲的投资部门。作为创设中心成员加入都铎资本，通过该公司的管理层收购（MBO），创办了飞鸟资产经营管理有限公司。之后，创办了飞鸟控股集团，进行对社会有重大影响的投资。2013 年成立了 Money Design 有限公司。创办了日本首家互联网寿险公司 Life Net 生命保险株式会社，支持 Studio Yoggy 创业。作为 NPO、NGO，构想了日本第一所全寄宿制国际高中轻井泽世界联合学院 (UWC ISAK)，以创办人的身份参与开设学校的计划。同时担任亚太倡议（API）理事。

资本主义的世界，一边螺旋式上升，一边前往相反的方向

谷家 现代资本主义中，擅长运作技术、数据、资金等的个人和公司，通过这些适用于杠杆原理的因素获取了极大的利益。在这次新冠肺炎危机中尤为明显。实体经济的艰难局面还会持续一段时间。短时间内资金雄厚的公司收益会更多，贫富和能力的差距会更大。

但是，这种状态绝对不会一直持续。首先，全世界都在借钱。虽然雷曼兄弟破产的时候，各公司也在借钱。但是在那之后，国家负担了欠款。中央银行施以援手，支撑着经济一路发展。这次的新冠肺炎危机中各国政府的借款之多超乎想象，贫富差距不断加大，增加了很多穷人。

回顾历史，如果贫富差距过大、过多的国家纷纷举债，就会出现革命、战争或者恶性的通货膨胀、极端的加税措施。这次的危机应该如何和平解决呢？恐怕这是一个很大的研究问题。像 basic income（国家提供基本收入保障的制度）那样，只向贫困人群提供最低生活保障是不够的。为什么呢？因为很多人觉得自己对社会没有任何贡献，面临着心理是否健康的问题。对于他们来说，不仅要提供最低生活保障，还必须考虑制定能让

他们感到幸福的计划。我们能做些什么？现在正应该思考这个问题。

另一方面，我们也可以认为新冠肺炎危机是一个很好的机会，让多数人能够思考“对自己来说什么最重要”。跟家人和自然的联系是最重要的。幸福就是每一天小确幸的积累。如果开始这样思考，也许就会发现，以前由于杠杆的作用使本来没有必要的东西显得有需求。今后需求减少，经济规模本身可能会暂时缩小。在这个过程当中，现代资本主义这种适合擅长运用杠杆因素的个人和公司发展的制度将会被取代，**人们应该会重新审视女性特质的价值观或者东方的、有禅意的思维方式。**

采访

我个人很喜欢新西兰。**原因之一就是他们那种统一性（全体主义的）的思维方式。**在这个国家里，“不是人类拥有土地，而是土地拥有人类”这种和谐统一的想法深入人心。阿德恩总理的抗疫政策也很出色。她说：“我不愿意接受权力不能与体谅、友善、共鸣共存的想法。”不同于很多国家的首脑，除了“待在家里”，她还补充了“要体谅”这个信息。**这是一个非常出色的想法，不是对外树敌，而是心怀共生、共鸣、友善，通过自律变得更好。**包括我自己在内，希望大家今后能够朝这个方向努力，创造出这样的世界。

我认为世界通过螺旋式地上升，越变越好，所以绝对不会希望回到过去。资本主义国家也向社会主义学习了很多东西，例如，如何去解决社会弱势群体的问题。社会主义缩小、资本主义获胜的状态导致现在贫富差距加大，对此抱有不满情绪的人变得无处可去。在资本主义性质的基础上，重新认识共生、共鸣、统一等社会主义的优点，只有螺旋式地上升到反方向才有意义。

在区域共同体中发现人与自然的联系

彼得 在世界的各种机制中，您认为哪些应该是本地化的，哪些应该是全球化的呢？未必要回到过去，在逐渐螺旋式上升的过程中，上升的主要原因之一应该是信息技术的进步。借助网络，不管身在何处都能正常工作，可以和世界上的人们保持联系。从这种意义来说，信息技术的进步为劳动从都市集约化发展到向各地分散提供了支持。我认为在这个过程中，本地化或者全球化应有的世界观也在发生变化。

谷家 本地化和全球化都应该共存吧。如果只考虑人的因素，既有适合在全球化浪潮中大显身手的人，也有在区域共同体中发现自身价值的人。我觉得能够在全球化和创新的世界里生存下去的人数会减少。因为随着科技的进步，一个公司能做的事情变得过大，能在那里找到安身之所的人越来越少。

以新冠肺炎危机作为契机，令多数人感到幸福的“人与自然的联系”应该在区域共同体更容易找到。食物自给自足和本地生产本地消费应该被重新认识了。这样一来，本地化会受到关注。

我阅读了索尼计算机科学研究所的船桥真俊先生的投稿“表面土层和病毒”，深受感动。投稿提到站在病毒的角度来说，人类不断消灭其他生物，导致病毒无处安身。所以它们很自然地来到了人类的地盘。要对抗不断进化的病毒，疫苗固然很重要，但是提高我们自身的免疫力也很关键，为此最好的东西就是土壤和海洋。据说如果让病毒置身于生物多样性的环境中，它很快就会消亡。

从生物学的角度来看，现在的人类处于极其不正常的状态。我认为在这种情况下，重新划分农业区域及与自然共生的区域变得非常重要。

彼得　谷家先生在教育、健康等领域一直在进行积极的投资。这次，您想投资的领域和标准发生变化了吗？您准备通过投资做出怎样的社会贡献呢？

谷家　基本的东西没有变化。**我想投资的内容是打造能让更多的人感受到幸福的场所。我认为“联系、成长、展现自我=认为自己的存在具有某种意义=觉得自己是幸福的”**。因为千人千面，所以擅长在VR（虚拟现实）的世界里展现自我的人们在那个世界里尽情表现就好。我认为也有不少人很难发现自己的价值，所以我想投资、打造这样的场所，让他们能够展现自我、发现自身价值。要推动社会螺旋式进步，技术和创新也必不可少。我觉得区块链和医疗保健也不错。按照现有的趋势，掌握数据，会使能撬动杠杆的公司和人们会变得更加强大。但是区块链有可能把这些还给个人，卫生保健也会变得日益重要。我希望通过创新和技术，能够更多地使人们重视共生、共鸣、友善等内容的价值观。

纵然家财万贯，死去之后也带不走一分一毫。**自己甄选出社会问题，把金钱用在建设更加美好的社会上，应该更能收获幸福。**把他人和社会列入自己的事业当中，绝对会感到幸福。某位生物学家指出："一个人身上有 37 万亿个细胞，为了让整个身体保持良好的状态，它们之间会互相协作。单独的个体都能做到，为什么 77 亿人就不能相互配合呢？"大家都是"地球号"宇宙飞船上的一员，我希望大家能协力向前，创建更好的地球。

序章的后续思考

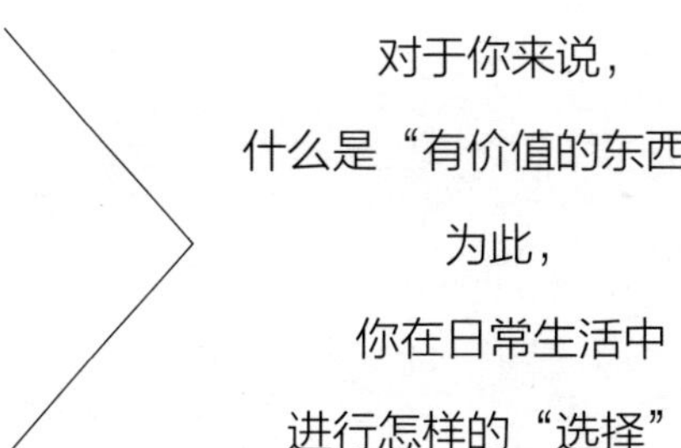

对于你来说，

什么是“有价值的东西”？

为此，

你在日常生活中

进行怎样的“选择”？

第1章

1

为什么范式变化不可避免

＞新冠病毒不过是导火线

人类长期以来经历了各种变化和危机，与病毒的斗争，并不是现在才开始的。20 世纪初期，西班牙流感在全球肆虐，从北极圈到太平洋的孤岛，据说累计有 5000 万人被夺走了生命。

1913 年，我的曾祖父维塔利斯·沙巴瓦离开祖国波兰只身前往美国。当时正是西班牙流感在全世界肆虐的时期。曾祖父不幸被传染，长眠在美国俄亥俄州的克利夫兰。如果曾祖父移民成功，当时留在波兰的家人应该也顺利移居到美国了吧。但是在定居之前，曾祖父被西班牙流感击倒了。我的祖父当时还很年幼，和家人一起留在了波兰，后来在波兰成了家。再后来，有了我。

就像这样，并非出于我们本意，完全不受控制的命运把无数个选项抛在我们面前。在这个无所谓好坏、也无所谓对错的世界上，我们应该如何面对这些复杂、麻烦的问题呢？

左右命运的危机成为导火索，让各种问题凸显出来。新冠肺炎感染扩大的问题之一就是每天早上挤得满满当当的通勤电车，导致这种结果出现的原因是人口迅速向大城市聚集。但是它们并不是在新冠肺炎发生之后才成为问题的，**它们已经成为问题，只是通过新冠肺炎这个导火索，变得更加明显了。**

艾滋病的肆虐曾经给世界造成很大的威胁，当时人们认为它是同性恋者的疾病，称之为“同性恋的癌症”，引发了人们对同性恋人群的严重歧视。之后查明艾滋病的病因是 HIV 病毒，明白了艾滋病会降低免疫力，任何人都有可能被传染。传染的路径也不仅限于性行为，还包括血液、母婴传染等多种途径。随着对疾病的了解逐步加深，人们对同性恋人群的偏见也开始消除。但是，艾滋病的肆虐使得潜在的“歧视”问题变得公开化。**在使已经存在的各种问题凸显出来的同时，危机也会使很多人意识到这一点。**

新冠肺炎的蔓延不过是其中一个导火索。包括可持续发展目标（SDGs）在内，我们不得不认识到在解决过去被认为是世界均衡之一的世界性的问题时，对策是有漏洞的。例如在欧盟，民族主义者为了阻断传染提出保守政策，煽动对移民的歧视，纽约的贫困人群失业率剧增，这些都是问题。对于人类来说，构成威胁的导火索，以后还会改头换面卷土重来的。

但是，这些巨大的变化正是改变陈旧范式的良机。

＞范式变化就是思考方式的转变

所谓范式，原本是美国科学史家托马斯·库恩在 1960 年代提出的概念，也可以理解为思想、价值观、社会观念。**范式变化指的就是这些思想、价值观和社会观念发生急剧地变化。简而言之就是思考方式的转变。**

当然，范式变化并不会频繁地发生。正如历史上曾经出现过天动说和地动说势不两立的情况，对任何人来说，接受截然不同的范式都是极其困难的。而且，在不同的范式中，即使相同的词汇和工具也会有不同的用法，“什么才是应该解决的问题”这种认识也不尽相同。**这种无法对比的价值观和思想叫作“不可通约性”。**所以一般说来，**范式会伴随着世代更替，慢慢变化。**不过，库恩还指出，如果现存的范式产生了无法解决的危机，就会发生科学革命，迅速出现新的范式取而代之。

同时，由于解决的问题各不相同，所以未必会出现旧范式里的问题延续到新范式并得到解决的情况。

还有一点需要注意的是，一旦发生了范式改变，即使人们会议论“还是从前的范式更好一点”，也绝对不可能回到原有的范式。就像地壳运动会让新的大陆隆起，虽然不是直线运动，但是的确在前进，因此得名“**渐进式进步**”。在那里会出现很多影响探索新范式本质的障碍，如偏见、陈见、谬误和迷信等。有时是偏见和迷信暂时占据上风，可能会让人犹豫不决，不确定是否要摆脱旧范式。

> 范式改变有周期吗

那么每个范式平均会有多长的持续时间呢？有的时候会发生一些从来没有经历过的突发情况，所以不能轻松地推算出精确的平均时长。

但是，中世纪代表伊斯兰世界的历史家、思想家、政治家伊本·赫勒敦指出，历史会循环往复，如果发生重大的社会变化就会引发革命。

请想象一下四代人的状况。第一代人开辟新天地，第二代人建设基础设施，尽快让它稳定下来，更加适应人的生活。第三代人充分利用这些基础设施，第四代人觉得不适应，于是开始新的革命。考虑到四代人轮换一次需要 100 年左右，也许可以说范式的周期大概就是一个世纪。

四代人中有三代生活在同一个时期。通过比较上下两代和自己这一代人的区别，会帮助自己去反思范式。平时我们可能没有留意过，其实我们就生活在**时代精神**（德语的 Zeitgeist）当中。每一代人都拥有独特的、占主导地位的思维方式、思想和社会性行动，所以我们很难解释清楚自己生存的范式。

有趣的是，一般情况下人们会觉得上、下两代人的范式比较别扭。**但是历史上的革命家们，通常会对自己这代人的范式怀有疑问，感到不自然。**

有的时候，历史上曾经发生过的事情会在未来循环出现。因此，回顾过去，我们应该能够在一定程度上预测未来可能会经历的相同事情。举个例子，我们来看看距离现代日本最近的四代人，如表 1–1 所示。

表1–1 根据世代变化的范式

世代	主要的社会形势	特点、倾向
第一代	世界性的大恐慌、二战、出现电器产品	生长在家教严格的家庭；对家人、共同体、国家十分忠诚；全身心投入共同活动；重视尊卑关系
第二代	冷战、登月、民权运动、越战、女性解放运动、石油危机	工作的优先级高于私人生活，工作勤奋
第三代	切尔诺贝利核泄漏、柏林墙倒塌、日本泡沫经济崩溃、出现互联网、就业冰河期	独立性、适应性比上一代人强；精通技术，注重工作、生活的平衡
第四代	9.11、伊拉克战争、出现社交网络、3.11（东日本大地震）	最有教养、最具多样性的一代；生机勃勃、精通技术；社会意识较高；利他主义

第一代，出生于第二次世界大战之前。在当时的社会，国家的命令胜过个人的意见。日常生活里充满了压抑和贫困。

第二代，出生于第二次世界大战之后。在战后的艰难岁月里，开始追求繁华和梦想。

第三代，出生于团块世代前后期。开始追求个人和家人的富足和乐趣。为此拼命工作，诞生了企业战士文化。

第四代，千禧一代。和父辈截然相反，诞生了从个人主义到集体主义、从对立到融合、将对他人的贡献置于个人利益之上的文化。

通过这样回顾每一代人的时代精神，看清当时发生的事情，辨明范式的变化，思考被扬弃的内容，参悟在新范式这个更高级的维度发挥积极作用的因素，应该就能领会其中包含的循环。

范式之间的对立是最没有意义的

范式当中既包括社会的范式，也包括个人的范式。例如，“教育应该是这样的”这种想法就属于社会的范式。在日常生活中不习惯佩戴口罩的欧美国家中，面临新冠肺炎传染扩大的现状，有的国家规定外出的时候必须佩戴口罩。据说为了保持社交距离，欧美文化中的亲吻、拥抱这些社交习惯都消失了。这些就是社会范式发生变化的实例。

另外，在未知的病毒刚开始流行的时候，有很多人认为口罩是“保护自己”的。但是，越来越多的人认识到防止无症状患者传播病毒十分重要，他们的想法就变成了**“戴口罩是为了防止传染别人”。工具的使用方法和需要解决的问题发生了变化**，这也是非常典型的范式改变。

人类面临的威胁绝不仅仅只是病毒。对于日本人来说，阪神淡路大地震和东日本大地震的情景还历历在目。很遗憾，核战争和生物恐怖袭击的风险也依然存在。人工智能失控和外星人进攻地球等，这些预想不到的风险有可能导致人类灭绝。

那么，面对这些未知的风险，我们应该做好哪些准备呢？当然，我们想要创造的范式也许包含未知的风险，可能会成为双刃剑刺向我们。但是，一般说来，这种风险都发生在人们懈怠于追求本质的理想、范式之间产生冲突的情况下。

例如，成为上文各代人范式的时代精神，在所处的时代是必要的思考。但是站在更高的立场，**回归人类生存对地球的意义这一宏大、本质的主题**，就会发现在这个整体当中时代精神本身不仅毫无意义，而且应对未知问题的时候，还可能造成危害。

02

爱沙尼亚总统前学术顾问、投资家、Skype 联合创始人

扬·塔林先生

围棋 AI 投资家敲响警钟：
技术风险会使人类灭绝

扬·塔林先生曾在爱沙尼亚研究理论物理学，之后创办了 Skype。现在作为天使投资家，从事对技术初创公司的投资，同时参与了对 Deep Mind 等的投资。Deep Mind 成功开发出战胜了专业围棋手的人工智能阿尔法 Go。作为投资家，他不仅积极创造新的范式，还对前所未有的危机保持关注。以新冠肺炎为契机，开始直面人类面临的本质性危机，思考“原本人类在地球上的生存是必然的吗”这一问题。我向他请教了创造本身不可通约的世界、探求范式方式的意图。

扬·塔林

1972 年出生于爱沙尼亚。在塔尔图大学学习理论物理学，成为程序员。作为 Skype 和 Kazaa 的联合投资人成为知名人士。作为天使投资人参与技术初创公司的投资，例如后来被谷歌收购的人工智能公司 Deep Mind，同时积极参与支持生存风险研究组织 CSER（Cambridge Centre for the Study of Existential Risk，剑桥生存风险研究中心）。还是生命未来研究所（Future of Life Institute）的联合创始人。曾任爱沙尼亚总统学术顾问。

采访

全球性的危机让领导能力高下立现

塔林 如今，我们正面临着谁都不曾经历过的行星级风险。但是，这场被称作“尾部风险”的毁灭性危机让人非常难懂。所以人们采取了忽视或者不愿意思考的态度。**我认为最有可能造成人类毁灭的风险包括三种：①生物学风险；②人工智能；③未知的未知。**这十年来，我的时间主要花费在投资和慈善活动上面。今后我要减少用在投资上的时间，主要从事对人类真正重要的工作。

彼得 新冠肺炎显然属于生物学风险啊。您是如何看待这个新冠病毒的呢？

塔林 模仿初创公司的人们经常使用的Minimum Viable Product（最小化可行产品），我把这个病毒叫作Minimum Viable Global Catastrophe（最小化可行全球性大灾害）。虽然称之为世界性大灾害更合适一些，但是它对人类存续的影响并不大。这次的危机应该不会导致人类灭绝，但是它让我们意识到今后可能还会面临类似的危机。这是人类外部的问题，也就是新冠病毒这种对整个种群造成影响的问题所具有的意义。

彼得 这会给未来带来什么意义呢？“人类外部的问题”给人类带来的影响或者启示到底是什么呢？

塔林 当然有很多人失去生命，经济上的影响也很大。但是至少让我们开始关注全球性爆发以及未来可能出现的危险病毒。我们将会渡过这次危机，构建有助于解决更严重事态的系统。**这次危机应该会让人类认清那些真正做出贡献的人们和其提供的服务。**

彼得 新冠肺炎让我们认识到了本质问题。那些通过病毒和人类的对抗显现出来的问题是什么呢？

塔林 新冠肺炎的危机被视为**"和无情物（the unforgiving）的接触"**。人与人之间的交往当中，因为人带有感情，所以会宽恕。所以在关系不够好的时候，会假装相处得很好。但是，大自然不会揣摩人的心思。所以既不会宽恕，人类也无法伪装。

我认为在这次的危机中，不是能言善辩的人，而是那些头脑清醒、观点正确的人能够为人所知就最好不过了。"不懂得宽恕的东西"，也就是新冠肺炎，让那些胡言乱语原形毕露，媒体、政治的问题也暴露无遗。例如，即使有人进行荒唐的预测，也会在几周之内被证明那是大错特错。**效果很快就能显现出来，所以能清楚看到思路是否清晰与领导能力的高低。**危机过后，世界上谁的行动是正确的、谁最早看清问题的本质并采取了有效应对，会变得一目了然。我深切地希望，在面临和人类相关的所有问题时，全世界的人们能够齐心协力，构建牢固的合作关系。

彼得 接收正确的信息如今变得十分重要。您是如何看待媒体的呢？

塔林　人们始终都想获得信息，获得能够确认自己政治见解、告诉自己真相等的信息。为此，想要获得真实信息的需求不断高涨。重视数据的智者应该会吸取正确的教训，但是问题在于其他人，他们有可能为政治宣传或者改造历史。这场危机过后，这种倾向应该会越来越强。

人工智能风险不是科幻小说

彼得 我想请教您关于人工智能风险的内容。塔林先生您参与了人工智能公司 Deep Mind 的早期投资。他们开发的阿尔法 Go 最早战胜最强围棋手，世界闻名。

塔林 和人工智能风险有关的世界里，我们主要是和“人工智能支配世界不过是科幻小说”这种意见作斗争。所以，这次的危机中如果有人能提出“人工智能这种尾部风险可不是科幻小说”的反驳意见就好了。人工智能可以看作是将人类的决策委托给机器的过程。各位首席执行官（CEO）都明白，想要成就更多的事业，有必要借助机器的力量，但是要有选择性地分配任务。某种意义上，人类也好首席执行官也罢，他们一边借助人工智能的力量，一边考虑着必须要掌握人工智能控制权。其中的重要领域之一就是人工智能的开发工作。一旦人工智能脱离人脑，最优秀的系统就不再是人类能够控制、开发的了。那样的话，我们将难以想象人工智能的行动。

灭绝的危机一般会扩大，所以有必要重组人工智能风险。对我们而言，气候、大气是重要的因素，所以管理也很重要。失去控制权的话，我们可能在几分钟之内就灭亡了。如果把气候管理交给人工智能，大概在 50 ~ 100 年之后，人工智能可能就对气候管理用处不大了。诸如去除废热这种人工智能将要进行的一大部分工作可能在真空环境中更好操作，也许它会排除大气。如果通过某种运算发现杀掉某人会更有效率，说不定人工智能就会那样做。甚至还有一种荒谬的观点：人类使用人工智能是很简单的。我们已经提出了两种假设。**其一，人工智能和人类一样，会给环境带来很大的影响；其二，人工智能是无法阻止的。**无法阻止的原因是人工智能或系统太聪明。例如，我们很难遏止互联网的发展，技术进步的速度在不断加快。如果出现核爆炸这一项技术革新，将会在几年的时间里实现几百年才能获得的进步。

在这个问题重重的世界上，人工智能有可能会对解决问题发挥积极作用。那正是相比生物学的安全性，我们更注重人工智能安全性的原因之一。因为即使解决所有生物学的风险，也必须继续致力于解决人工智能风险。**但是如果解决了所有的人工智能风险，我们在解决包括生物学风险在内的所有其他风险的时候，就得到了一个强有力的工具。**

彼得　灭绝危机第三项是“未知的未知”啊。

塔林　没错。关于宇宙，我们甚至不知道“哪些是未知的”。

彼得　不知道“哪些是未知的”（Unknown unknowns），也就是说那里是一片混乱。我们虽然生活在一片混乱当中，却一直要努力找出那里的法则和理论。

> 技术和人类可能共存吗

大家是怎样定义技术的呢？想象一下身边的事物，大家首先想到的应该是人工智能、区块链这些数字世界的最新技术吧。它们对于我们现代人来说是最先进的技术，但是对于过去和未来的人们来说，应该就是独特的工具吧。

回顾过去技术的发展过程，可以分为工具的开发、机械化、自动化三大阶段。最初在远古时期，通过使用石箭、石刀来捕获、分解猎物，用土锅烹饪等，这些工具的使用取代了人体不能进行的工作，这时，作为一种技术的工具的开发便应运而生。由此，工作的效率大幅提高。第二次大变化发生在中世纪。通过操作滑轮、杠杆，将一系列作业过程机械化，这在各行各业中取得发展。由此形成了传媒等信息革命和移动革命引起的都市文化。

现在，迎来了技术发展的第三次高峰——自动化时代。以人工智能为代表的数字科技，作为一种计算方法将能影响人类决策的价值观和信念程序化。在不断接近人类判断的同时，和技术共存这个新问题也凸显出来。

回顾这三个过程就不难发现，工具和机械从成为人的手脚、提高人类维持生存和生活的便利性进化到代替人类的大脑。本来是人类熟练使用的工具，后来通过调查、学习，抑或成为一种娱乐，在无意识当中满足了更高的需求，不断发生控制人类状态的逆转现象。原子能开发和纳米级别的生物学研究，高速、高度发展的超越人脑的数字技术，早就超越了人类个体能够掌控的范畴。

在此我们面向未来的问题是，人类是否能和技术保持一种平衡的共存。我们不妨回顾一下过去技术是如何与人类共存的。在战火不断的中世纪欧洲，随着剑、斧这些武器的进化，用于防御的铠甲也完备起来。但是当枪械出现击破铠甲之后，铠甲丧失了防御功能，变成了象征武士阶级和家族身份的装饰，和它本来的功能相去甚远。伴随着象征“拥有华丽防御器具的阶层”的含义，出现了社会的阶层。可以看出技术成为引起社会变革的重要因素。

更有甚者，一旦社会阶级明确化，接下来就会出现取代阶级本身的机械技术，开始巧妙地接手下层蓝领工人的工作。这就和刚才正好相反，社会变革成了技术发展的契机。

如上所述，**过去人类文明的变革和技术的发展，互相追赶，就像填满奥赛罗棋棋盘一样完成了变化。**

今后会变成什么样？在人类的决策算法化的现代技术中，已经不需要人类必须掌控的杠杆或者按钮了。技术会领会人类的意识形态，熟知过去的范式变迁，恣意地、超高速地预测人类难以想象的未来。那里还有人类介入的余地吗？能够怎样定义人类存在的意义呢？事实上，我对这种友好的、牧歌式的“与技术共存”信仰，怀有很大的疑问。

03

株式会社 Gumi 执行主席

国光宏尚先生

引领游戏行业的投资家
描绘的虚拟优先的未来

国光宏尚先生是著名社交游戏运营公司 Gumi 的创始人，近年来开始涉足 AR、VR 和区块链领域。值得关注的是，他通过融合上述技术从娱乐到金融不断超越自我，不断拓展业务范围。这无疑叫作“虚拟现实的新型范式”。新冠肺炎全球性流行，会给今后的世界带来什么变化呢？在这个过程中，虚拟优先的概念会如何推广呢？我请国光先生从创业家的视角谈了这些问题。

采访

国光宏尚

股份有限公司 Gumi 执行主席。出生于 1974 年。从美国圣莫妮卡大学毕业之后，2004 年进入 Atmovie 公司。同年成为董事，负责制作电视剧、电影以及开拓新事业。2007 年，成立股份有限公司 Gumi，出任总裁兼首席执行官。现在担任执行主席，统管 XR 和区块链等新业务，致力于尽早在该领域获得收益。

五感、出行的价值将发生变化

国光　我认为新冠肺炎危机是一件大事。但是我觉得并不是过去没有的事物突然出现，**而是借此机会理解成人们过去预测的未来开始加速变化。**从企业家的观点出发，抓住技术领域的商机就是虚拟优先的概念。通过互联网和技术让现实状况越来越好是最近的一大趋势。但是这个趋势会彻底终结，今后**“以虚拟结束的事情就采用虚拟”大概会成为潮流。**

人类的行动应该也会随之变化。之前有人会犹豫“在线商谈”，如果通过减少外出、持续通过网络沟通，就会逐渐习惯。现有的技术性问题如果加以改善，有可能就会和当面交流没有区别。我们的习惯也会改变。通常情况下，从已经适应的东西转换成新的事物是比较困难的，但是新冠肺炎会成为推动此变化的力量。

彼得　不见面也能通过虚拟构筑关系吧。

国光　在虚拟现实中见面更有助于互相了解的原因，主要在于分辨率的高低和反应速度的快慢。分辨率低下、反应迟钝的话，“身在对面”的感觉就会弱化；远程对话时出现大家抢着说话或者都保持沉默的情况，是因为眨眼、点头等非语言行为延迟造成的。要在虚拟环境下再现真实碰面的场景，需要分解人类的五感，将颜色、声音数据化就可以完美地再现出来，所以预计在两年之内视觉、听觉将不会存在虚拟和现实的差异。触觉还需要一些时间，但是几年之后应该不会有太大的区别。

比较困难的是味觉和嗅觉。因为味道和气味还没有被数据化。这样想来，**视觉和听觉商品化的价值越来越小，难以重现的味觉和嗅觉等通过虚拟优先无法解决的内容，在现实生活中越来越有价值。**有可能今后在现实生活中受欢迎的人，不再是外表俊美的人，而是气味好闻或者做饭好吃的人。

与出行有关的价值观也会发生变化。一方面不再有人为了工作四处奔波，另一方面，去意大利品尝美味的红酒、享受美食这种追求气味和味道的出行可能会变得更加重要。

短期之内，世界上还是会流行无人驾驶的汽车、无人机和火箭。但是我在思考，“为了见到对方不惜要搭乘那些工具吗？有那么想到处出行吗？”所以我开始致力于在 VR 里创造虚拟的世界。据说在蒸汽机诞生的时期，人们只知道马，他们想象是铁马通过蒸汽在前进。但是如果世界变成虚拟优先的话，无人驾驶的汽车、无人机和火箭等说不定也会被当作“铁马”。未来的人们一定会纳闷，“为什么过去的人不惜付出一切代价，就那么想要出行？”

彼得　还有年轻人热衷的领域是您想投资的新领域吗？

国光　VR、AR 和区块链通过这次新冠肺炎，感觉发展势头更强了。**年轻人通过虚拟优先思考的时候，只要考虑今后的趋势就好。**例如，当会议采用网络形式的时候，主题是什么？

除了与会议环境相关的技术问题，如果以不需要办公室为前提，怎样让新员工和其他初次见面的人进行沟通就会成为亟待解决的问题。居家的孤独、开会时突然有孩子闯进画面、椅子坐着不舒服等，仔细一想就会发现不少问题。

无论怎样，固有的、大的事物崩坏之后导致的环境变化，无疑是一种良机。如果很多人聚集在一起的线下演出无法进行，那么艺术家们可以通过 3D 形象进行虚拟地在线表演，从家里向全世界传递音符。

如果在线教育得以普及，哪怕身在小城市，也可以接受全世界最先进的教育。因为人工智能的翻译功能发展迅速，出生在贫穷国家的儿童只要能连接网络，就能以低廉的价格接受世界性的教育。用虚拟优先来思考，就会发现过去不可能存在的新商机在不断涌现。

回顾从翻盖手机到智能手机的发展历程，这个时机大获成功的企业都是以“智能手机优先”为目标的。无论是 uber 还是 mercari（日本版闲鱼），在它们之前也有类似的服务，但是和智能手机这个新技术结合在一起之后，从零开始重新构建，大获成功。我认为这次通过虚拟优先，从头开始重新设计，也会发展壮大下去。

不抛弃掉队的人

彼得 生活方式、工作方式、人际关系、家人等，您认为这些因素在日常生活中会发生什么转变？

国光 产业革命时代之后，人们开始相信物质的富足和人生的价值是相关联的。实际上也是如此，毕竟曾经被称为日本“三大神器”的电视机、电冰箱和洗衣机极大地改变了人们的生活。但是，现在有很多年轻人觉得物质的富足并不等同于人生的价值。所以他们不需要新车、新衣，也不需要更大的电视机。相比之下，他们能在通过接触目标明确的人达成目标、为世界做出贡献中感受到价值。正如心理学家马斯洛说的人的需求的最终阶段是“实现自我”（关于马斯洛，请参考后文）。

我个人在阪神淡路大地震的时候**强烈地感受到了死亡，思考过对自己人生最有必要的东西。**现在全世界的人们都在面临这样的现实，如果运气不好就有可能失去生命。是不是也思考过到底想做些什么、现有的工作是否是自己想做的事情呢？今后的发展方向中，精神世界的富足和人生的价值有着密切相关的联系。

彼得 对于社会性的课题，我们应该做何反应呢？

国光 **年轻人应该是最早适应虚拟优先的。**自己如果能走在前列，就会处于优势地位。**在这种情况下，就会思考会不会有人正在发愁呢？**在公司里，有些年龄较大的员工可能正在苦恼。不能瞧不起他们，应该教会他们。不要抛弃跟不上虚拟优先这个新环境的人，应该用心让所有的人都能适应新环境。

在世界上，如何对待穷人和穷国是非常重要的。新冠肺炎危机导致全世界出现了严重的两极分化。发达国家财力雄厚，医疗体制完备，就算会吃点苦头，肯定迟早能度过危机。另一方面，一些贫穷国家处于令人绝望的状态。两极分化不仅出现在国家之间，即使美国这样的发达国家，也有很多穷人失去生命，由贫富差距导致的两极分化严重。企业之间也是如此，大量技术型的公司迅速切换成远程办公，几乎不受影响。这些能够迅速适应新事物的人和组织，还有不能适应的世代和老旧企业之间也存在两极分化。这样一来，以前不曾留意的两极分化逐渐显现出来。今后，那些富裕的国家和某种意义上拥有好运的人们，能够怎样去体谅别人呢？那应该会变成新的准则吧。如果能够体谅那些跟不上这个时代的人，成为舆论的引导者，那么社会也将向更好的方向发展。如果采取了错误的行动，在一些贫穷的国家里，独裁者和宗教势力煽风点火，缺少国际性的合作，各国都优先考虑本国利益，就可能会出现推翻现有体制的危险，这个时代是一个很大的过渡期。

彼得　也许这个时代需要一种极致的利他精神。

国光　我觉得通过这次新冠肺炎危机，大家深深地感受到了利他精神。世界各国未免太不关心发展中国家了。今后全世界还会深刻地认识到这一点。即使日本、美国能够控制新冠肺炎，如果在其他国家出现爆发，最后还是会导致被传染的风险。不能只考虑独善其身。只要世界上还有国家控制不住疫情，早晚会影响到自己。

人也是一样的。新加坡之所以会再次出现感染者增加的情况，是因为在贫穷的外来务工人员之间发生了集体感染。在日本也一样。如果还有人生活在恶劣的环境中，也许会通过他们扩大传染范围。这样一来，从“想要保护好自己”“不想受到伤害”变成为他人做些事情，应该就可以称作利他主义了。

这次的危机教会我们一个道理，独善其身是绝对不可能的。无论发展什么形式的孤立主义，最后都会发现我们生活在同一个地球。地球的环境、空气、资源是有限的，我们只能在这个地球上生存是无法改变的事实。所以，全世界只能合作，这种良好意义的全球主义绝对是有意义的。

> 范式改变真的会带来全球主义吗

被新冠肺炎这种外部因素推动产生的范式变化，并不是我们所期待的结果。正常情况下，我们期待的是能够不断创造出让世界变得更美好的新范式。无法实现的原因包括人类拒绝范式变化，其中隐藏的不可通约性这个理论在前面曾经介绍过。这种状态是指拥有一个范式的人，在下一个或者之前的范式中无法解释（通约）自己的价值观。

人和社会通常会以一种建立在自身经验和信念基础之上的价值观作为标尺去衡量事物。但是，在思想、价值观、社会观截然不同的世界里，自己的标尺完全失去意义。在无法判断善恶、利害关系的状态下，当然不可能接受新的范式。

如果要问我，人能否主动去转化范式或者是否能进行移动，我的回答当然是“有可能”。

自己主动去转化范式的行为就是通往不同世界的桥梁。**依靠新范式生存的人，拥有承认存在不可通约性、引领社会进入不同价值观的世界这种意识，一定会促使凭借其他范式生存的人们去理解新世界。**

发达国家和发展中国家的贫富差距以及世界对此现象的漠不关心，其实就是不可通约性导致的。政治、经济、文化等各种差异阻碍了人与人之间的相互理解，成为不同事件发生的主要原因。

灵长类作为人类的祖先诞生于6500万年前。在漫长的岁月里，人类不断进化，产生了好几种范式。遥想这些遥远的岁月和无穷无尽的范式连锁变化，不难理解我们这个时代也必定会发生或大或小的范式变化。

如果摒弃短视的想法，去直面人类的未来和生存的意义，我相信对任何人来说新的范式变化都是“可通约的”。在那里一定会形成全球主义，人类的整体感、一体感。

04

Fresco Capital 普通合伙人

铃木绘里子女士

风险投资家的追问：
生而为人的幸福追求

采访

铃木绘里子女士作为全球 VC 基金日本负责人，以中长期的视点致力于解决社会课题。4 岁开始旅居海外的经历培养了其全球化的视野。利用金融、技术知识，支持解决社会性课题，同时积极投身包括女性在内的、让世界发挥多样性的各种活动。超越文化和性别的健康生活、教育，在投资这些人类本能追求的价值的初创公司时，铃木女士描绘的未来是什么样的呢？在范式变化不可避免的前提下，本质的、普遍的东西究竟是什么？我聆听了铃木女士的想法。

铃木绘里子

Fresco Capital 普通合伙人。四岁开始在美国、中东等海外生活，毕业于加拿大的麦吉尔大学（McGill University），专业是经济学、国际开发学和数学。2008 年进入外资投行工作。2013 年加入 COACH 担任财务企划。2015 年参与成立美国无人机企业日本法人，成为日本代表。2016 年担任 Mistletoe 投资部制作人。2018 年兼任 Fresco Capital 合伙人。扩大包含女性在内、发挥多样性的世界，创办了社区“共享 MIKO 整体健康、就在您身边”，积极开展活动。

雷曼兄弟事件之后工作方式发生了变化，新冠灾难将导致生活方式发生变化

彼得 新冠肺炎之后，将会诞生新的价值观吗？抑或是会让我们意识到重要的事物并重点关注它们吗？您是如何看待的？

铃木 我觉得两种情况都会发生。其实在这次新冠肺炎危机之前，关于工作方式的看法已经发生了改变。新冠肺炎之前较大的经济打击应该是雷曼兄弟事件。现在有很多人都在思考应该在现有的资本主义社会生存下去吗？这种工作方式正确吗？在日本，像这样反思工作方式的行为比较滞后，而现在正在加速进行，虽然追赶不上大公司的脚步，但是想要主动去解决有意义的事情和课题。雷曼兄弟事件之后，不仅是在被重新审视的金融学工学领域，想要转换自己工作动力的人也在增加。初创公司开始受到关注，出现了想要通过技术改变世界的动向。

此外，在这次危机中将要发生巨大改变的就是生活方式。人们开始关注家庭和社会，思考应该给工作分配多少时间。即使在初创公司工作，也会存在被资本主义结构吞没的情况。受到新冠肺炎的影响，人们认识到远程办公和在线教育成为必然，技术已经成为必不可少的东西。

因此，当今时代技术型公司成为世界的主流，已经不仅仅

是“改变世界时在一旁呐喊加油”的配角。现在这类技术性企业已经成为社会必不可少的基础设施，人们期待它对社会和生活产生积极的影响。

彼得 从投资家的眼光来看初创公司，您今后会关注哪些领域呢？要创造新的范式，哪些技术是必要的呢？

铃木 过去10年，我的基金一直在投资**三项与未来生活方式密切相关的领域，分别是工作方式、教育和医疗健康。**经过这次新冠肺炎危机，这三个领域的公司今后还有机会继续成长，成为重要的基础设施。正如谷歌诞生在互联网泡沫前后、Facebook成立于雷曼兄弟事件前后，让我感觉到有重大可能的是超越健康管理的、与更加广泛的本质性问题相关的全体性的健康、幸福领域。不仅是处理疾病等症状的工具，我想在如何维持健康状态、怎样拥有丰富的生活方式等所谓聚焦预防医学的领域进行投资。从时机来看，通过基因编辑和各种可穿戴设备进行的生物标记（提示是否患有某种疾病、疾病发展状态的生理学指标），奠定了获得医疗、健康庞大数据的基础，并且可以充分利用它们。我也在关注心理健康领域。

另外，将健康广义地称作全体性健康也是有原因的，重要的是思考整体的课题。也就是说“**系统性思考**”非常必要。在今后的所有服务中，通过数据提供的部分会日益重要。但是单纯地“将健康的一部分数据化”是不够的。要有意识地解决整体、根本性的课题，从零开始构建理想的整体系统。我对那些有意识地灵活运用技术的初创公司抱有很大的期望。

所谓追求幸福的能力

彼得　日本的初创公司怎么样？

铃木　日本这5年增加了不少初创公司，质量也越来越高，从优秀的大学里逐渐涌现出一批想在初创公司工作或者想要创业的人才。在这个意义上，能够造成较大冲击、成为社会一部分的公司更加容易出现了。

只是将一部分业务数据化的做法叫作“数字化转型”；或者仅把在欧美发展顺利的模式照搬到日本，这种模式比较高深，现在还处于在一定程度上能找到答案的领域里进行挑战的阶段。对那些没有答案的领域，拥有想要成为新型社会中坚力量这种较大野心的初创公司还为数不多。因此，**我认为提供更加多样化的人才、女性和外国人能够挑战的环境至关重要。**

彼得　您认为今后的时代必要的能力和技能是什么？

铃木　很遗憾，类似新冠肺炎的重大系统危机今后大概还会出现。即使日常生活在一定程度上以“新常态”的形式恢复正常，还是有可能出现不同类型的病毒。或者，还会遭遇不同维度的危机。当然，**应对这些危机的时候，那些未雨绸缪、拥有轴心**[①] **的人反应会更加迅速。**所谓的“随波逐流的人”会在

---

① 这里指中心。——译者注

采访

这种危机中遭受最严重的打击。我在美国东西海岸都有投资，观察美国也让我有同样的感慨。在旧金山和纽约，这次疫情的扩散情况和应对措施截然不同：旧金山迅速封城，在一定程度上较快地控制了局面；与之相反，纽约耽误了几天，导致医疗系统崩溃，出现了数万名死者。差距就在几天之间。

在这个成指数级别变化的世界，仅仅是几天停止思考也会遭遇惨痛的后果。锻炼自我认知能力，经常反思自己的轴心，在有冲突的时候能够灵活应对、采取行动，时代要求我们必须经常进行这种训练。

要锻炼自我认知、轴心，培养灵活性，教育是不可或缺的。如此一来，在日本接受的一般性教育也有必要发生转变。教育的一线，即学校能够变成“一边培养个人价值观和轴心，一边加深自我理解，学会适合自己的学习方法，培养共情能力”的场所，是最理想不过的。单纯地学习知识，通过网络就能实现。**教育的目的是加深学习自我认知，知道自己需要学习什么。**教育能够提供支持的条件包括社区、教练或者导师。市场需要的劳动方式也在发生变化，所以不是读完四年大学或者拿到博士学位就万事大吉，而是例如通过两年的学习获得计算机科学的学位，工作一段时间之后再掌握别的技能，然后去不同的工作岗位。像这样转换成不断重新学习的系统。还有一点是**共情能力**，在需要各种解决办法的时代，对于自己未曾经历的事情能够发挥想象力，正变得日益重要。这不是一种可以轻松掌握的能力，同样需要训练。能够在学校掌握固然很好，实际上，最早而且能学到更多的场所是家庭。从这个意义来说，在这次危机中，重新思考生活方式，反思家人应有的状态也不失为一件好事。

彼得 除了投资，您还积极参与了其他活动吗？

铃木 对于赋予女性等多样化权力的活动，我也一直在积极参与。我在投资银行工作的时期，经历过生育，深切地感受到像操作系统这种专门为男性设计的东西，体会到了工作的艰辛。但是，我并不认为跟男性一样工作就可以了，男女平等不是这种一次元的内容，我强烈地感觉到会出现性别、种族歧视的社会本来就很可笑。

我创设了拥有多样化的劳动方式、启发思考的生活方式、能够共享的社区“共享 MIKO 整体健康、就在您身边”，不断宣传让男性、女性都能有尊严地多样化生存的健康、幸福概念。

从前人们把“在某某公司工作的自己”放在资本主义的框架中活动，现在的共同体提供了截然相反的理念，旨在提供能够让自己真正地安心、开放的环境。**因为我认为保持透明性与他人产生联系，是对抗资本主义的能源和原动力。**在这个非常时期，主动参与我们共同体的人在增加，所以我认为这次真的打动了大家的心。

采访

如何解决棘手的问题

如今，我们正面临着复杂而且棘手的问题。应该怎么解决它们呢？

解决方法根据问题的种类各不相同，问题的种类分析错误，问题将永远无法解决。接下来的内容学术性比较强，我想在这里介绍一下 Cynefin 框架（Cynefin Framework），它根据不同状况进行适当的决策。在这个框架中，问题分为以下四类。

首先是**简单的问题**（Obvious Problem），是指知道问题是什么。例如，对于“头痛”这个问题，会做出“马上喝药”的反应。原因很明确，所以可以参照过去的经验采取对策。

其次是**复杂的问题**（Complicated Problem），虽然它比“简单的问题”难，但是还属于“确定哪些内容自己不了解”的状态。例如，到了“头痛在持续，还开始发烧咳嗽”的程度，到底是暂时身体不适，还是得了感冒或者是其他疾病，自己不能确定原因。但是如果去看医生，就能得到适当的治疗。该问题经过这个领域的专家分析之后一定能找到正确的方法。

处理复杂问题的Cynefin框架

难解的问题
不确定哪些内容自己不了解

复杂的问题
确定哪些内容自己不了解

混乱的问题
无法理解，怎么也找不到办法

简单的问题
知道问题是什么

相比之下，**难解的问题**就是“不确定哪些内容自己不了解”。新冠肺炎在全世界的扩散，简直就是“难解的问题”。虽然一点一点地解析清楚了，但是当初这种病毒实际发生在什么地方，是怎样传染的，完全没有头绪。专家的意见也不统一，既没有疫苗也没有特效药，所以无从应对。

谁也不知道正确答案是什么，所以面对难解问题的时候，首先要知晓问题的根源。然后详细调查问题的状况，立刻尝试去解决。反复进行假设、验证，把握问题的性质，提出对策。也许会花费一些时间，但是经过这个过程，就能明确问题的因果关系，应该能找到解决问题的思路。

最后是**混乱的问题**（Chaotic Problem），指的是“无法理解，怎么也找不到办法”的混乱状态。我认为现在美国就处于这种状态。

毫无疑问，新冠肺炎传染扩大就属于“难解的问题”。但是特朗普政府把它当作“简单的问题”或者“复杂的问题”，做出了状态可控的判断，结果用错了对策，导致感染者呈指数级增加，医疗机构窘迫，经济陷入混乱。

受经济景气低迷导致的大规模裁员影响，社会不安日益加剧。政策失败首先影响到了社会中的弱势群体，尤其是在贫困率较高的非裔中，引起了强烈的不满。

对此，警察充满了危机感，采取了超出必要的高压政策，导致平民丧生的残暴行为频频发生。进而，各地纷纷爆发反对警察暴行的抗议活动“Black Lives Matter”。问题接连不断，最后总统本人也被传染，状况越来越糟糕，实在是一片混沌。

直面混乱的问题，**首先要“行动起来”。**发生火灾的时候，没有时间去找火源在哪里，也顾不上调查起火原因是什么。不管怎样，首先要灭火。如果危险的话，赶紧逃命。梳理问题、思考对策，那是以后要做的事情。

05

电装国际美国公司，
硅谷创新中心，
副总裁，创新人员

铃木万治先生

硅谷创新者的方式：
适应变化

铃木万治先生一直在硅谷寻找企业技术革新的种子。他说在感受美国和日本商业文化区别的过程中，发现日本人特有的高语境文化不依赖严密的语言，这在大的变化当中可能成为枷锁。那么在硅谷，缺乏共同价值观作为交流前提的多样化人群，主要通过语言交流来推进业务发展。在这里正在发生什么事情呢？

采访

铃木万治

电装国际美国公司，硅谷创新中心副总裁，创新人员。1986 年进入日本电装株式会社（现在的株式会社电装）。负责宇宙机器开发、R&D、CAE、模型基础开发、EMC、故障诊断等各领域的项目。拥有从 R&D 到售后市场的完整生命周期、机械电子软件等各领域的实践经验、技能和人脉。2004 年在 CMU 和 INSEAD 学习商业基础。在 2017—2020 年 3 年间作为硅谷创新中心的副总裁、创新人员，开始挑战开发新事业，为将大企业持有的资本投入初创公司提供方案。大约在一年的时间里首创与农业初创公司的商业合作。

即使完成度只有三成的“原型”，也要用够30分的份额

铃木　全世界的经济活动，好像忽然踩了急刹车，放慢了速度。而且，各种事物都发生了很大的变化。但是，我认为并不是所有的世代都发生了同样的变化。例如，X世代（出生于1960～1980年）和Y世代（出生于1981～1996上半年）的消费出现了明显的方向性变化，从铺张浪费变成了抓紧钱包。对于这代人来说，恐怕就像被直击面门一样。

采访

另一方面，对于本来就不怎么爱花钱的Z世代（出生于1996下半年～2010年）来说，他们的特征只是更加突出了一些。

这次的新冠肺炎与以前雷曼兄弟等事件的危机不同，有可能引起文化和行为习惯的变化。也许在今后1年，美国人不会跟任何人握手，也不再会拥抱和亲吻。重症化风险较高的人应该也不会直接和别人见面了。一旦人类的OS（基本软件）开始改变，在这个系统基础之上运行的应用软件也必然发生变化。这样一来，虽然是一定的期限之内，人类的价值观和行为习惯发生改变，显然会导致商业出现较大的变化。

但是，日本和美国处于完全不同的状态，还存在别的担忧。**像全球性危机，会让所有事物的特征凸显出来，将人和组织的**

本性暴露无遗。例如，组织也会分为以下两种，一种是越来越糟糕的组织，想着“正因为是这种时期，那就趁机大捞一笔吧”；另一种是往好的方向发展的组织，认为“正因为现在这样，去帮助更多的人吧”。同样地，人也一样。在这次的新冠肺炎危机当中，人分成了两个极端——“有很大进步的人”和“最终回到原地的人”。

美国人经历了真正的远程办公之后，认为：“这样就可以开展工作的话，还是搬到乡下，每周去两天办公室比较好。”实际上，在不动产行业里也出现了新动向，今后也会有大变化。另一方面，我感觉原本就注重统一行动的日本人，在解除自我克制生活之后，又开始一窝蜂地拼命跑去办公室上班了。但是，就算恢复到从前，你们不觉得日本失去了很多竞争力吗？当然，远程办公并不会是正确的，所以那些应该在办公室工作的人们不包括在内。

彼得　也就是应对变化有很大的差异啊。

铃木　关于应对变化，我来举个例子。我进公司的时候，设计室里摆放着十台左右的描图器。设计者们操作机器，用铅笔画设计图。有一次，公司采购了 10 台 CAD（电子绘图系统），虽然鼓励大家用新机器，但是一两个月后大家还在继续使用描图器。

于是，公司就想了个办法，把所有的描图器都撤走了。大家无奈之下，只能开始使用 CAD。一用就发现还是 CAD 更好。几周之后，大家就开始习惯使用 CAD 工作了。

最近人们议论的ZOOM等远程会议软件不也一样吗？刚开始引进新事物的时候，会暂时出现效率降低的情况。但是努力、认真地去使用，效率自然就提高了。就是这个道理。但是在日本，即使ZOOM流行开来，一旦受到ZOOM Bombing（指个人因为平台安全漏洞，无意间侵入其他视频电话会议）等攻击，那些抵触新事物的人就会跳出来挑毛病，嚷嚷“安全方面有问题”“ZOOM还是有危险”。

但是，回过头想一想，一方面世界上根本没有完美无缺的事物，另一方面在出现问题之后找到适当的办法解决问题即可。美国的初创公司做出的原型，若满分100，只能得30分。但是顾客会说“既然完成了三成，那就充分利用这三成”。总之就是消极思考和积极思考的区别。保守固然是日本人的优点，但是面对变化，如果不能积极思考认真克服，就只能品尝苦楚。

社会性课题、痛点会成为创新的种子

彼得 逆境下的应变能力和动力，您是怎样操控的呢？

铃木 这两个都很重要。我自己采用的是**美国海军陆战队的方式**。陆军和海军一般根据作战方针开展行动。但是海军陆战队只提供任务和目标，不提供具体作战方针。因此，在被不确定信息包围的过程中，要实现中长期目标，就必须要细化目标。像这次危机这种充满不确定因素的时期，我就选择了这种海军陆战队的方式。一旦确认“接下来一个月应该做的事情”，就决定“今天要做什么”，除了今天的目标之外什么都不考虑。分清“自己能掌控的事情”和“自己不能掌控的事情”，抛除杂念，集中精力去做能做的事情。危机发生的时候瞬息万变，所以很多时候考虑过多也没有意义。一旦看见周围的不稳定状况，就会对自己无法掌控的事情感到不安，不仅影响生产积极性，也无法保证自己的斗志。

彼得 在混乱世界中如何解决问题？您怎么看待疫情结束之后的世界呢？

铃木 我整理了头绪之后，觉得这次疫情之后从以下三点来思考非常重要。具体说来，是要考虑**消失的事物、恢复的事物、新生的事物**，其中最重要的是考虑新生的事物。

举例来说，在硅谷，投资家会投给初创公司数亿日元的资金。但是，决定在 ZOOM 上对初次见面的人说“好的，我给你 100 万美元（大约 1 亿多日元）的投资”，还是不太可能的。（笑）为什么呢？因为一对一或者与团队交谈的印象是非常重要的因素。如果能提供直接见面但是绝对没有被传染的风险的服务，那就能卖给投资家一个好价钱。

对于硅谷，很多人都有一种创新或者高科技的印象。**其实创新只是手段，而不是目的。**他们最擅长的不是技术，**而是去思考什么是社会性的课题、痛点在哪里、哪里有需求、解决办法是什么、怎样才能获利。**

在中国，疫情被控制之后，家用轿车的销量迅速回升。为什么呢？因为私家车能够保证自己和家人安全地出行，也就是相当于增加了“防空洞”这个新价值。这是疫情之前从未有过的概念。今后，保障出行安全的商品会像雨后春笋一样涌现。但是最值得留意的是在私家车上出现了“能让家人平安出行的空间 = 防空洞”这个新价值观。应该思考价值观发生变化的时候会有什么改变。

世界上没有能洞察未来趋势的捷径。我在硅谷时时刻提醒自己去**和与自己行业无关的人进行对话。**因为如果只跟本行业的人交流，无非就是“一丘之貉”，很多时候大家都注视着相同的方向。总之，和多方人交换意见、讨论，从中发现与未来有关的共同之处，这和斯蒂芬・乔布斯生前说过的“Connecting the dots（生命中的点滴、建立关联的能力）”是相通的。随机地画一些点，即使当时无法理解它们的含义，在某一个瞬间点连成线、线变成面，那就是趋势。

如今也有很多人通过ZOOM对话，写出关键词，探讨跨越行业的共同点。例如，现在我关注的关键词就是**“人与人之间的心理距离”**。过去，只有物理性的“见面”和“不见面”，也就是0和1，但是如在ZOOM上见面是介于0和1之间的。我期待在不远的将来，能够实现0.9这样的解决方案。例如，如果出现高精细度的VR，能得多少分呢？这很让人期待。如果对那些数字原生代来说，1直接见面并不一定舒服，可能0.7的联系就刚好合适。像这种关于心理距离、物理距离定义的讨论今后应该会出现的。

彼得 2020年对全世界的人来说是变化很大的一年。对于您来说，以前出现过生存方式、工作方式发生变化的转折点吗？

铃木 其实10多年前我得过一场重病，当时做好了离开人世的思想准备。躺在病床上最感到后悔的全是这辈子没能做的事情。

行动之后失败或者厌恶，这些都没有什么可说的。但是像退休之后要去旅游、想和家人多待在一起、想练吉他等这些曾经想着“什么时候”要去做的事情还有很多没来得及做，让我深感后悔。于是，我决定今后的人生要不留遗憾。

从那以后，我就开始实践“马上做”“现在做”“做到成功为止”。以前总是承诺“总有一天会去做”，后来发现“总有一天”永远也不会到来。因此，我现在**一定会定好日期**，时间非常重要。实际“动手去做”，也很重要。我现在觉得因为一场大病改变生活方式，其实是很幸运的。我由衷地希望，大家能像我一样从这次全球性传染中获得相同的领悟。能否“转祸为福”，其实全凭自己，不是吗？

意识到自己是问题所在

上文涉及了 Cynefin 框架，从中可以学到的是如果误判问题的种类所在，就永远无法解决问题。

现在，世界各国和日本面临的是复杂、混乱不清的问题。也许有人把它看得很简单。平静下来冷静、客观地看待这个问题，来思考一下它更接近那四种情况中的哪一种。

另外，这四种问题还可以分为技术性的问题和自身适应性的问题。“简单的问题”和“复杂的问题”是自己能在客观审视问题的状态下，运用专业知识和方法解决的技术性问题。相比之下，“难解的问题”和“混乱的问题”属于自身适应性的问题。之所以无法解决这些问题，是因为自己不清楚到底有哪些不明白。在这个意义上，可以说“We are the problem”（我们自身是问题所在）。

处理这些棘手的问题，必须要保持谦虚。抛开那种自己能够掌控全局的傲慢想法，应该牢记**“The problem is the solution.The solution is the problem”（问题是解决方案，解决方案同时也是问题）。**

适当的提问会引起适当的思考，通往适当的答案。如果自己无法掌控，那就接受不懂的内容，不要偷懒，反复假设、验证。这种努力非常重要。美国陷入混乱状态的原因正是一开始误判了问题的所在和程度，忘记了谦虚，采取了错误的对策，因此状态还在继续恶化。如果更多的人能够意识到问题出在自己身上，也许不变的东西也能被改变。应该意识到的不是客观地捕捉问题，而是能否认识到自己是问题的主体并提出质问，也就是“We are the problem”。只要这样做，就应该会出现新的范式。

通过这次危机我们不得不发现适应性，也就是还有可能适应的问题。正因为看不到未来，模糊的状态一直持续，所以不要犹豫，把它当作一次绝好的机会，认真参透只有自己才能做的事情去改变自己。

06

C Channel 总裁兼首席执行官

森川亮先生

初创公司经营者践行的乐享变化法

从翻盖手机到智能手机，这种巨大的变化森川亮先生经历了好几次。他曾经出任 LINE 的总裁兼首席执行官，后来创办了 C Channel，在亚洲扩展业务。森川先生每次遇到新变化，都创造出了颠覆过去常识的新潮流。现在，对于我们来说什么观点是必须的呢？当今时代需要怎样的范式改变呢？森川先生在以前的互联网行业洞察良机，积累了丰富经验，我聆听了他的高见。

采访

森川亮

C Channel 总裁兼首席执行官。出生于 1967 年。从筑波大学毕业之后，入职日本电视放送网。1999 年，修完青山学院大学研究生院国际政治经济学研究科硕士课程，获得 MBA。之后入职索尼。2003 年，加入 Handy game Japan（后来的 NHN Japan，现在的 LINE），后来担任董事，2006 年任执行副总裁。2007 年就任总裁兼首席执行官。同年成立 Naver Japan，兼任总裁兼首席执行官。2013 年 NHN Japan 改名，就任 LINE 总裁兼首席执行官。2015 年辞去该职务。同年 4 月，就任 C Channel 总裁兼首席执行官。2020 年 5 月 C Channel 在东京证券交易所 TOKYO PRO Market 上市。

越是看不透未来越要创造未来

森川 2015年创办C Channel的时候，我说过“智能手机迎来视频时代的时候，视频会变成竖屏格式”。但是，也许因为当时世界上几乎没有竖屏格式的视频，电影公司和电视台的人们提出了不少反对意见。甚至还有制作人提出“如果要把视频改成竖屏格式，我就辞职不干了”。然而到了现在，视频几乎都变成竖屏格式了。变化的速度是非常快的。

彼得 这次危机应该导致消费者的行动也出现了变化啊。

森川 待在家里的时间长了，当然在线服务整体都增多了，运动、烹饪，都得在家里完成。以前，教育这种工作只有具备资质的人才能担任，今后也会通过在线的形式放开吧。国内暂时处于封锁的状态，但是可以收看国外著名瑜伽老师的网课，在线学习大学的课程等。不如说**这是一次绝好的机会，通过互联网和全世界的人联系在了一起。**交流也是一样。交友软件也发展迅速，说不定以后还会出现网络夫妻、网络婚礼。

彼得 您是以什么样的心情来捕捉这些变化的征兆呢？

森川 **重要的是向自己提问。**如果自己这样生活下去，5年后、10年后会变成什么样？为什么会这样？首先要深挖自己，然后去**思考如果是别人又会变成怎样。**光盯着数字看也没有真实感。

彼得 我想请教您在逆境中的精神状态，包括管理层在内，您期待成员具备什么样的能力（行动特性）呢？

森川 应该是**对于暧昧状态的忍耐性。**日本人尤其是偏保守的人，对于看不透未来的事物会感到不安。但是，正因为无法预测未来才更应该创造未来。可以说现在不仅是对员工，对于所有日本人来说，时代需要的都是这种“创造未来的能力”。在没有地图的世界里自己设计绘制地图，这就是我所期待的。

说到底还是如何应对变化的问题。人生也是一样，绝不可能阻止变化。既然这样，那就最大限度地享受当前的环境吧。为此就要思考到底应该做什么。基本上，世界上没有一件坏事，一切都取决于你的接收方式。如果抱怨冬天冷夏天热，恐怕就没有办法在日本生活了。如果不能改变环境，那就只能改变自己。于是，机会就来了。一直到今天，我经常在思考如何能通过工作享受变化。应该把变化变成自己的强项。

确立以变化为大前提的交流

彼得 新冠肺炎危机之前，您经历过的大变化是什么？

森川 IT 行业最大的变化就是互联网。从拨号发展到宽带的时候，我在做网络游戏。如果是拨号上网，网络游戏会在通信方面耗费成本，所以发展不顺利。当出现宽带之后，网络游戏迅速成长。同时，漫无目的地进行网上冲浪的时间大幅增加，人们开始通过网络进行交流。这让互联网经济变得生机勃勃。

还有一点，要归功于智能手机的诞生。游戏、音乐、视频，几乎所有的娱乐形式都变成了智能手机的规格。我参与了宽带和智能手机这两种业务，从事业来说也许称得上赢家。我正在思考怎样能让这次的危机也带来积极的变化。

彼得 您自己的人生哲学是在什么时候、怎样形成的呢？

森川 最大的影响来自 LINE 时代和韩国人打交道的经历。**韩国人做决定快，相应地改变主意也快。**最开始我不知所措，后来我逐渐明白在环境变化很快的韩国，如果不会改变就无法生存。我注意到正因为他们努力活着，所以才要改变，也可以说我是**茅塞顿开。**对于这一点，日本人容易认为一旦决定了就不可以改变。马上改变就会被批评为“没有信念”，所以做决断也很慢。我听外资企业的经营者说过，日本人设定的目标是全世界最低的。那是因为他们有一种责任感，制定的目标必须要完成。假设日本人制定一个 30 的目标然后尽力去完成，中国人制定一个 100 的目标但是并不打算全部完成，所以姑且先设定一个 100 的目标尽量完成 50。一边行动一边调整目标，从结果来看，50 还是要比 30 强，对不对？

我也不知道哪种做法是正确的。**但是像现在这种飞速变化的时代，我认为先行动起来比较好。**等到万事俱备再做决断，会导致一个糟糕的结果。可以说现在的时代就是这样。

彼得　森川先生面对危机的时候，能够让您回归的关键是什么？

森川　我不太会犹豫不决。每一次都有一些能够看透的东西。如今的新冠肺炎危机，生存下去是首要前提。把活命的必要条件列举出来，排好优先顺序，然后思考如何尽快实现。

彼得　在状态发生变化时做出决策的过程中，您进行判断的根本是什么？

森川　首先要分清变化是短期性的还是长期性的。智能手机刚出来的时候，好多人都说这个肯定发展不好，还在翻盖手机上纠缠不休，结果被甩在了后面。

彼得　从长远来看，日本会怎样变化呢？

森川　你看太平洋战争和明治维新，可以说日本以前都是受到外部压力才开始改变。那么，之后发生了什么呢？出现了年轻的领导力量。新冠肺炎危机也是一种外部压力。所以，**我觉得重点是今后将会出现多少青年领袖。**

彼得　您认为日本人应该从新冠肺炎危机中学到些什么?

森川　日本有很多信息并没有以数据的形式公布，所以我觉得国家还不明白什么是危险。不知道是不是不擅长数据化，所有事情看上去暧昧不清，不合逻辑。大家只有“总觉得有点可怕”这种感觉是共同的，**所以人们有种倾向，对看不见的东西怀有很大的恐惧。**

媒体和政治家如果不多用数据和逻辑讲话，就容易让人们产生偏见。从前的日本，无须明说也以某种默契发展至今。在没有变化的时代，那样也可以发展得很好。但是，在瞬息万变的时代，无法交流的情况会越来越多。例如，经常光顾的商店换了店员，就不可能在你开口之前拿出你想要的东西，造成沟通不畅。在天经地义的世界里，受到巨大变化冲击的恐怖，会出现在日本这个国家。这一点在政治家和国民之间及上下级之间也是一样的。我认为日本人有必要稍微确定一下以变化为大前提的新交流方式。

第 1 章的思考

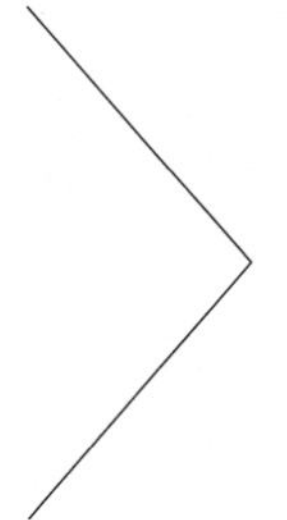

对于你来说，

想要抛弃的范式、

想要保留的范式、

想要创造的范式，

分别是什么？

第2章

2

偏见创造范式，范式产生偏见

＞认识不到偏见，就无法改变范式

根据心理学家亚伯拉罕·马斯洛提出的“人类需求层次理论”，如图 2–1 所示。新冠肺炎传染扩大的 2020 年春天，人们跌落到“欲望难填足”的层次。一方面外出受到限制，但是为了获取食物又不得不外出。在这种状况下，“想要维持生命”“想要保证自身安全”之类的防御意识应该是很强的。防御意识越强，人就越容易在无意识间利用各种偏见去操控自己。

例如，会毫无根据地坚信“自己一定不会被传染”。这样一来，就看不清自己所置身的社会状况。不管安全与否，遵循欲望难满足采取的行动，包括囤积过量的厕纸、食物等，当然这也算得上是人类的正常反应，因为混乱世界中人首先考虑的是自己能否生存下去。

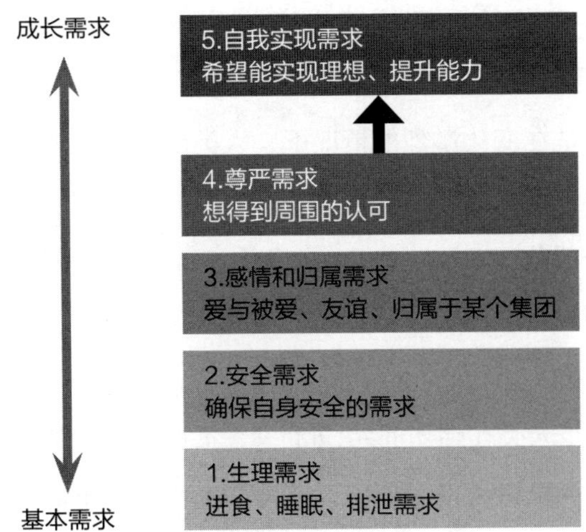

图2-1　马斯洛的需求层次理论

摘自《不能请教别人的恋爱心理学入门》（涉谷昌三著）

就像新冠肺炎危机席卷世界那样，变化的幅度和冲击太大，状况快速发生变化的时候，能够意识到存在着各种各样的偏见、注意自己的状态是非常重要的。

偏见创造范式，范式产生偏见。如果考虑到摆脱混沌状态之后、后疫情时期的世界，就有必要冷静地回顾，把自己从欲望难填足提升到自我实现需求的层次。想要解决这些显现出来的社会问题，重新构建经济、教育，不是依靠方法论，必须要改变作为根本的范式本身。想要冷静地把握社会的状态，就要认识到现在自己在用怎样的方式思考。

＞首先要明确自己的思维模式

尤其是在变化激烈的情况下，人类的思考模式一般表现为以下任意一种，如表 2-1 所示。

1. 一般化

2. 省略

3. 歪曲

这些是人类在感知世界、进行交流时必不可少的模式。只是，这些方式如果过度发挥作用，就会产生特别是非常状态之下的混乱和陷入认知性不协调的偏见。

模式每天都在发生变化，而且不知道什么是正确答案。如果发现自己的行动偏向某种模式，就能明白应该如何行动。是去面对别人和问题，还是稍微保持距离？在这些选项中选出正确的做法。特别是在“变化剧烈”的时候，各自的意图和想法多种多样，才更有必要认真地传达自己的思考。

表2-1　歪曲人类认知的模式

模式	内容
一般化	过早地下结论，做过头的话，会产生因经验、根据不足导致的误会
省略	飞跃式地得出结论部分，会消极地看待对方，悲观地想象未来
歪曲	过度地理解威胁，过少地看待机会

1. 一般化是指在经验、根据不充分的情况下匆忙得出结论。

在给事物下定义的时候，一定程度是有必要的。但是，如果做过头的话，就不能基于事实进行客观的理解，会因为过度解读招致周围的误解和不信任。

2. 省略也可以替换成“飞跃式得出结论”这种倾向，包括“胡乱猜测动机”（认定对方的主张是消极的）、“预言”（预测对方的主张会是消极的）和“贴标签”（给提出主张的对方贴上消极的标签）三个种类。有些时候，根据直觉迅速做出决策的确很重要。但是省略了过程，直接跳到结论也是很危险的。例如，在做出“东京传染风险很高”的结论之前，要去具体挖掘“有哪些点呢”，必须去确认基于直觉的决策背后有没有一步跳到结论的情况。

3. 歪曲是指夸大了自己的失败和弱项、对自己的威胁，相反，过低地理解了成功、强项、机会等。例如，认为“这项工作进展顺利是偶然情况”，可能就是对成功的过低评价。到底是出于什么理由做出了这种判断？必须要将因果关系整理清楚。如果歪曲了因果关系，就不能正确理解真正受到影响的事物和场景。

＞思考模式背景下的认知偏差

认知偏差存在于思考模式的背景下。如果能把握自己的思考模式，就能够发现产生这种模式的偏见。

疫情刚开始迅速向全世界扩散的时候，关于它的威胁和给世界带来的影响，可能大家都在有意识或者无意识地收集大量信息吧。于是，这些信息就会对日常生活、行动还有精神状态产生影响，我也不例外。在工作的间隙查看各家媒体，无意识中感受到了放心和不安两种情况。例如，看到传染者人数的变化，会觉得“今天比昨天的人数还少，这样下去应该会暂时稳定下来吧”，就会宽下心来。或者看到新闻说“美国的原油期货价格暴跌”，就会增加对市场崩溃的担心。尽管是有意识地去掌握信息，但是这里还隐藏着“想要放心”或者“允许悲观情绪存在”这种无意识的东西。

在自己随时都可能感染上新冠肺炎的情况下，人会陷入怎样的心理状态呢？如果是平时，就以想要归属于共同体的社会需求和尊重需求、自我实现需求的形式，逐渐提高到发现生存意义的需求。但是，在非常时期，会偏向“首先避免传染”“应对封锁城市，准备好生活物资和必需品”这种“安全需求”，甚至下降到确保维持生命的“生理需求”。

这并不能完全通过思维模式和精神训练等进行控制。在维持生命的按键被按下的时候，出于人的本能，这也是正常的状态。

重要的是，要注意到正是在进入维持生命状态之后，才更容易出现无意识的心理活动，如感情波动陷入混乱，或者事不关己、袖手旁观等。通过冷静地观察自己，就会发现这些都是无意识状态下的反应。这种无意识的心理活动就叫作“认知偏差”。

> 在非常状态下发现的各种偏见

具体说来都有怎样的偏见呢？可以通过新冠肺炎危机来分析一下。

在传染扩散的过程中，认为“现在是非常时期，所以停止商业谈判也是无奈之举。但是应该很快会恢复正常”的人可能为数不少。像这种毫无根据忽略对自己不利的信息，进行保守评价，坚信这是正常情况，就是**“正常性偏见”**。某种程度上，这种偏见如果不发挥作用，就有可能被危机击倒，可以说这是一种推动人们行动必不可少的偏见。但是囿于偏见，认为“新冠肺炎危机过去，一切都会复原”，就难以发现消费行动的变化、交流形式网络化等人们的行为变化。

在这里，还有一种**“乐观主义偏见”**，相信只有自己一定不会倒霉，它属于**“感情偏见”**的一种，表现为即使听到“世界经济处于危机之中”的新闻，也会持否定态度，认为“总会有办法”“不会降临到自己身上”。

“因为致力于电子商务，所以网络化发展正合心意”，也许还有不少人这样理解新冠肺炎危机。当然，网络化的确是如今很明显的消费趋势。但是只收集那些能证明假设和信念的信息，忽视相反的信息或者不进行收集，这样的行为非常危险。必须注意到这样会忽视消费对象的变化和储蓄增加有可能造成市场本身的萎缩。无视反向信息，甚至不加以收集，无法正确地验证假设和信念，只收集有利信息，这种倾向叫作**“证实性**

偏见”。因为不能做出准确的判断，所以关键时刻无计可施。想要在今后增加更多的选项作为对策，就必须经常性地积极收集对自己不利的信息。

有的时候各种偏见会融合在一起。例如，认为“有的公司取消了内定，我们公司也放弃录用吧”就叠加了两种偏见。一种是**“悲观主义偏见”**，在意志消沉的时候，感到还会发生不好的事情。还有一种是选择行动的时候，观察他人的行为并与之保持一致的**“从众偏见”**。悲观主义偏见与乐观主义偏见相对，属于感情偏见，与全世界疫情大爆发时的抢购厕纸和食品是一回事。在情绪化、冲动之前，应该先冷静下来，重新分析状况。

未来将要发生什么变化，我们无从得知。不考虑将来的问题及对策，只希望维持现状的倾向叫作**“维持现状偏见”**。新冠肺炎危机中的餐饮业经营者们如果认为“假如有优惠条件能够得到紧急贷款的话，还是停业比较好”，那就是“维持现状偏见”在发挥作用了。在这种变化的时期，如果不全心投入如何改变现状并让自己适应变化，就谈不上未来的发展。只要自己和家人不被传染就保持现状，只要员工没有被传染就继续日常的办公室工作，这些行为就受到了这种偏见的束缚。

非常状态下的典型认知偏差如表 2–2 所示。

表2–2　非常状态下的典型认知偏差

偏见	内容
正常性偏见（Normalcy bias）	忽略对自己不利的信息，进行保守评价，坚信这是正常的

续表

偏见	内容
乐观主义偏见（Optimism bias）	即使听到、看到不利的信息，也会否定它们，相信“总会有办法”“不会降临到自己身上”
证实性偏见（Confirmation bias）	忽视、甚至不去收集那些不利于自己假设、信念的信息，只收集对自己有利的信息
悲观主义偏见（Passimism bias）	在意志消沉的时候，觉得还会发生不好的事情
从众偏见（Conformity bias）	选择行动的时候，观察他人的行为并与之保持一致
维持现状偏见（Status quo bias）	不考虑将来的问题和对策，希望维持现状的倾向

07

株式会社 NTT Docomo Ventures 总裁兼首席执行官

稻川尚之先生

CVC 经营者眼中的大企业和风险企业今后的关系

稻川先生曾在 NTT Docomo 担任多方面业务的负责人，后来赴美国留学，在硅谷与风险企业合作并参与投资。稻川先生观察过日本和美国的风险企业，关于今后筹措资金的方式，其与大企业的关系将会发生怎样的变化，以及如何看待新冠肺炎危机导致的社会变化，我们听取了他的坦率意见。

采访

稻川尚之

株式会社 NTT Docomo Ventures 总裁兼首席执行官。1995 年入职 NTT 移动通讯网株式会社（现在的株式会社 NTT Docomo），负责基础设备设计、资材采购、国际商业企划、移动通信网络开发、人事、经营子公司等多方面业务。2000 年赴美国留学，获得 MBA。2013 年开始担任设立在美国的 Docomo Ventures 社长。率领团队在硅谷与北美的风险企业合作并投资。2016 年任株式会社 NTT Docomo Ventures 副社长，2018 年开始任现职。

面对面的重要性不会改变

稻川 如果说今后价值观要发生改变，我想应该是朝着新的方向发展。以前做生意是通过把人聚集到一起、创造人与人之间的联系实现的。可是现在出现了“不能聚集”的倾向，那是不是无处可逃了呢？幸运的是，可以利用已经存在的互联网逃到虚拟世界里去。这不是暂时性的，我们要在这个前提下考虑今后的问题。相反，今后我们要**朝着把虚拟世界里的联系变成现实这个方向推进。**

NTT Docomo 发表“Beyond 宣言”中期战略之后，列举了 fintech（金融科技）、AI(人工智能)、VR(虚拟现实)、AR(增强现实)等预想未来的关键词作为今后将在社会发生变化的要素。但是社会的变化并不是那么简单。

新冠肺炎危机导致形势急转而下。例如，采用无现金支付的店铺增多，诞生了通过虚拟技术创造联系的商机，迅速引发了新的潮流。在日本，亚马逊已经默认将产品放在家门口意味着配送完成，但是在过去这种场景简直难以想象。我认为这样的变化如果脱离价值观的改变是难以出现的，社会正在朝着新的方向前进。

彼得 您认为人与人之间的联系会变成什么样呢？

稻川 即使虚拟的世界今后继续发展，面对面也依然重要。人与人之间的交流，是同时让五感发挥作用感受到的。拥抱的时候，不仅是触觉，还有嗅觉、听觉、视觉、语言等一起在作用，所以心灵才会受到震撼。经常可以看到这样的视频：在美国，军人父亲不打招呼直接回家，给家人一个惊喜，当孩子们看到父亲的瞬间会喜极而泣。虽然他们每天都会进行视频聊天，但是还是比不上在现实生活中的相遇。

NTT 是一个通信公司，旨在通过技术为人们建立联系。双方远在他乡无法见面，所以打电话；时间总是凑不到一起又想保持联系，那就发邮件；现在新冠肺炎危机，所以使用网络会议系统召开远程会议。当面对面交流无法实现的时候，可以通过技术手段来实现。

采访

不过，随着今后 VR 的技术不断发展，那些帮助人们不用见面也能有机会交流的相关技术或企业，也许我们会投资或与之合作。只是，原本应该面对面感受心与心的距离，现在变成我们有责任提供服务，帮助实现这一功能。

彼得 工作的场所会怎么变化呢？新冠肺炎危机之前，大家会特意聚集到城市的中心来上班。但是以后也许会变成在乡下工作。作为通信公司，会做出怎样的预测呢？

稻川 集中到大城市的趋势应该还会持续。也许乡下房租会便宜一些，但是人口比较少，相应地，服务的数量和质量也会下降。就看个人能不能想得通了。

大城市里人流集中，所以会发生有趣的事情，文化也不一样，

于是很容易产生人与人之间的关联。一旦产生联系，之后就可以加深或者拓宽这种关系。但是如果一开始没有交集，就很难产生联系。随着互联网的普及和信息的流通，人们会发现“如果去东京和大阪，就可以做这些事”，就会更多地向大城市聚集。这主要发生在近二十年间。相应地，大家也发现乡下什么都没有。恐怕聚集到大城市里的人很难再分散到各地去。

今后的时代是属于个人的，先驱者就是风险企业

彼得 以后，风险企业筹措资金的方式会如何变化呢？在这个过程中，企业风险投资（Coporate Venture Capital，非金融类企业设立的风险投资基金）会承担怎样的功能呢？

稻川 消费低迷的时候，大企业也会控制投资。但是，另一方面，正因为消费低迷，不少大企业想要开展新事业。即使遭遇新冠肺炎危机，持有现金的大公司因为还有实力，所以会一直持有。于是这些公司可以和优秀的风险企业合作，支持他们，引进新的理念。大公司也可以这样发展新业务。

另一方面，为资金而苦恼的风险企业接受投资，会得到加速发展的机会。拥有技术和良好运营模式的公司，与投资企业增强合作，实力应该会更强。一般来说，在日企中，过去是否与风险企业合作，老板的意愿大于公司的方针。但是今后作为世界的潮流，**有实力的大公司和需要资金的风险企业联手的趋势应该会越来越强。**

企业风险投资者有责任一边预测未来，一边去思考发现全新商业模式的风险企业，然后跟他们展开合作，互相为对方创造价值。以前，主要是大型的风险投资公司包揽优秀企业。现

在打开了大门，我们也迎来了机会。

而且，如今世界上发生的各种变化背后，很多时候都有通信的身影。对于通信公司的风险投资，变化也代表着机会。这样一来，要利用我们的定位和专业领域创造新事物来进行投资，从这种观点出发，我们想要积极发挥桥梁作用，去提供合作的机会。

比起那些一开始所有的人都赞成的项目，只有 20% 的人赞成、80% 的人反对的项目，最终会收获更大的利益。因为越讨论越能点燃投资者的热情，越能愉快地工作。新冠肺炎危机下，“没有这个就不行”的常识消失了。现在是一个能够进行各种探讨的有趣的时代。

彼得　您怎么看待今后将在日本发生的变化？

稻川　**“日本人会怎么样”这种理解方式本身就会消失，应该变成属于个人的时代吧。**我更希望能变成那样。

不管好坏与否，这次的新冠肺炎危机加剧了社会的差距。有能力的人依然有能力，没有能力的人如果不求助于他人就无法生存。个体经营和自由职业者当然也不例外，能力强的人或经营者生存下来，能力弱的经营者其门店就停业了；工薪阶层也是一样，只会听从公司命令的人，终将被淘汰。不甘于被雇佣的命运，应该重新审视自己拥有的东西。我们可以理解成是新冠肺炎提供了一个这样的机会。**每一个人都认真思考，思考过的人聚集到一起，组成一个积极意义上的村落。如果大家互相帮助，就可以实现很多事情。**能在人生的早期阶段致力于这项事业的，也许就是风险企业的人们。

新冠肺炎驱除了没用的部分，保留下来的部分再回归现实。从这个意义来说，社会不可能百分之百复原。即使从我们的事业观点出发，虽然最终人与人的相遇和个人的幸福密切相关这一点始终不会改变，但是其中没有用处的部分会被去除。

另外，历史上曾经有过人与病毒共存的情况。对于新病毒，虽然刚出现时有抗拒行为，但最后会通过建立免疫让身体向最适合的方向变化。假如现在就处在这种适应和进化的过程中，伴随着劳动方式改革和技术革新发生大的范式变化，并适应它，就会创造更美好的世界。在这个意义上，我愿意积极地思考这个问题。

> 引起信息流行病的信息偏差

在新冠肺炎蔓延的时期，充斥着各种真假难辨的信息和虚假新闻，在大量信息的冲击下决策者陷入混乱状态，出现了信息流行病的问题。原因是存在一种**信息偏差**，即坚信收集的信息越多越能做出准确的判断，结果连毫不相关的信息也收集起来了。一旦掌握的信息过多，就容易感到害怕，不敢行动。自以为在互联网上无一遗漏地掌握了所有的信息，其实不然，网络新闻的题目不过是基于检索者的检索记录生成的。此时，你必须意识到你在不知不觉之间被某一类信息包围了。

认知偏差不仅限于刚才列举的情况。人们研究了几百种偏差，仅仅与信息偏差相关的就有以下内容。

读到这里，有人会认为"我没有被这种偏差束缚。我能够客观地看待自己和周围的状况"吗？

（1）虚幻真实效应（Lllusory Truth Effect）

即使是错误信息或者夸张的内容，经过反复报道的过程后，会让人信以为真。虚幻真实效应指由于媒体反复报道，人们逐渐相信错误信息或夸张的信息的现象。

（2）叠加效应（Availability Cascade）

叠加效应指反复听某种主张，最后会认为它是真理。即使毫无依据，也坚信不疑。相当于一种被洗脑的状态，非常危险的心理作用。

（3）聚焦效应（Focusing Effect）

聚焦效应指被硬拽到最初接触的信息范围内，看不到事物的全貌，只愿意看其中的一部分或者无法看到其余部分的倾向。

（4）锚定效应（Anchoring Effect）

锚定效应指根据最开始的数据对后来的数据作出误判，被判断的数字接近先前的倾向。例如，把商品价格提高，然后标识打五折，作出的判断会受到最初的定价影响，误以为非常便宜。

（5）对样本规模不敏感（Insensitivity to Sample Size）

对样本不敏感指只分析少量的样本就认为“理解了全部”。仅依靠媒体的报道来判断，依靠狭小世界的信息源。

（6）模糊效应（Ambiguity Effect）

模糊效应指比起模糊不清的东西，人更倾向于喜好具体的事物，所以会避免信息不完整的选项。但是，如果本来就不清楚到底缺少哪些信息，你就不去关注那些选项。

其实这也是认知偏差的一种，叫作“**天真的现实主义**”，指虽然通过新闻了解到世界上存在感情偏差、趋同偏差和信息偏差，但是觉得“自己和别人不同，不受偏见束缚，能够冷静地看待外界的现象”其实，这种心理正说明这是一种偏见，此刻也一样。我们经常是在任何人都具有某种偏见的前提下活动。

特别是现在，管理者受到成员们的关注。大家的心情都是一样的。在困难的局面下，看到领导积极向前而且有力的状态，抱着希望，通过具体的行动推动队伍继续前进。这种时候，领导的一举手一投足都影响着成员的士气。所以时代才要求领导好好地理解思维模式，不要怀疑下属，不要发出不和谐的声音，注意认真地跟他们对话。

08

株式会社 AWS 总裁兼首席执行官

山本雅史先生

理念经营者开始重新思考
动物园存在的意义

采访

今天请到的山本雅史先生是经营和歌山冒险乐园的 AWS 公司社长，因为饲养熊猫而知名。山本先生提到在新冠肺炎之前，也曾经历过几次危机。危机发生的时候，坚定的企业理念——超越动物园这种经营模式，是他们的力量源泉。我们倾听了他对人类该如何与野生动物共存的这一本质问题的看法。

山本雅史

株式会社 AWS 总裁兼首席执行官，出生于 1977 年。他是株式会社 AWS 的第三任管理者。公司旗下有主题公园“和歌山冒险乐园”，动物园里生活着包括熊猫在内的 140 种、共 1400 只动物。2015 年接管公司之后，提出“用心创造时间，微笑乐园”的企业理念，践行以人为本的经营理念。该动物园在 2018 年被旅游网站猫途鹰（Tripadviser）评为日本主题公园第 4 名、亚洲第 8 名、日本动物园第 1 名。

如果有轴心，就能思考“自己能做些什么”

彼得　2020年世界遭遇了一场大危机。作为经营者，在以前推进事业发展的时候遇到的危机和困难，您是怎么化解或克服的呢？

山本　我们运营的冒险乐园在40多年的历史中，遭遇过3次大的危机。第1次是刚开园的时候，从大受欢迎到跌落谷底。第2次是泡沫经济崩溃四五年之后，乐园里最受欢迎的虎鲸因病逐一离世的时候。那时候，我们不依赖明星，而是把焦点对准所有的动物，甚至让员工也成为“耀眼的明星”，重振了乐园。

然后是第3次，刚好是我担任领导不久，发生了一起饲养员被大象攻击致死的重大事故。虽然知道大象是危险的动物，但是没能防患于未然。

那时，我们注重的是“**用心创造时间，微笑乐园**”这一企业理念，即让员工感到幸福，让游客感到满意，最终让世界充满笑容。以这种理念为基准，我们尽可能早地向媒体提供正确的消息，诚恳地面对受害人家属、从业员工和游客，包括袭击人的大象，我们首先考虑的是保全它的性命。之后花费时间致力于建设大象和人能够安全共处的设施。动物袭击人这是绝对不应该发生的事故，的确也是我们乐园面临的一大危机。但是

采访

我们应该努力创造更多的幸福，包括失去生命的员工原本应该拥有的未来的幸福在内。这次危机也成为一个转折点，让我们追根溯源，做出改变。

彼得 如果发生事故，就应该进入危机管理模式。但是您当时特意将其回归到企业理念，这是什么原因造成的呢？

山本 作为经营者，在开始推进“提倡理念经营”“重视目的”方针的紧要关头，发生了这起事故。其实我也曾经迷茫过，怀疑自己坚持的事情是否正确，是不是真的做错了。

但是，我觉得重要的事情如果不能得到重视，是不会有未来的。**聚焦在企业理念上就不再会迷茫**，我认为只要做好这一点就可以了。如果没有这种理念，只考虑如何保护公司，对媒体做不到信息透明化，不能诚实地面对客人，有可能在很多事情上都会做错。

彼得 企业理念是怎样渗透给员工的呢？

山本 例如，**我们的会签文件格式设计成了必须要考虑企业理念才能填写的形式。**我们也创办了这样一个公司，表彰、鼓励以企业理念指导行动的员工。公司内部所有的机制中，都设置了考量企业理念的内容，这样形成了一个能够自然思考、理解其重要性的机制。我们也在不同的场合感受到了员工的回应。最令人开心的是，“微笑”等使用在企业理念中的词语开始自然而然地出现在公司内部的对话当中。

新冠肺炎的蔓延一旦使社会不稳定，网络上就会充斥着消极的信息和留言。如果看不到未来，人出于自保会攻击、批评别人。但是，如果有一个稳定的轴心，人就绝对不会做出那样的举动。因为他们深知，那样做毫无意义，还不如**思考自己能做些什么更有助于开创未来**。我希望越来越多的员工能拥有值得重视的轴心和存在意义，也希望相关的行业，能够尽量多地增加有轴心的员工。

消除心理障碍，创造新结构

彼得 这次的新冠肺炎危机中发生了什么样的变化？

山本 尤其是B2C，像我们这种娱乐行业，是直接向顾客提供价值的服务行业，也可以说是一旦出现什么情况时首先不被需要的行业。这次也是很早就陷入了危急的状况。虽然没有任何收入，但是动物的饲料费、饲养员的工资、水电费等固定支出一项也不能少。

我也考虑过在娱乐事业之外去创造一些价值，但是实际上还没有完善的方案。其他动物园和水族馆可能也差不多。闭园期间，80%的员工都处于休息状态。但是基于企业理念，为确保就业，我们给员工发的是全额薪水。做好长期作战的思想准备确保资金，我们把它**理解成“充电”的积极因素，为在后新冠肺炎时期创造新的价值而全力以赴。**

彼得 为了创造新的价值，具体需要做些什么呢？

山本 以前我们好像总是有种心理障碍，觉得“如果客人不来到乐园，我们就无法创造价值”。娱乐活动的确很重视在那个场合快乐与感动的瞬间，但是如果仅限于此，我们的存在价值就太小了。必须要改变范式。为此，通过社交媒体，开始从与以前不同的角度向社会发声。

采访

从前，总有一种先入为主的观念，认为现实更重要。当然现实生活中的相遇很重要，但是今后我们必须意识到这不是全部。饲养员提出了一个设想，就是“**没有动物的动物园**”。我们的动物园饲养了本来应该生活在大自然里的动物，通过动物们传达生命的可贵、与自然的联系和社会的循环。

但是，如果现实生活中没有野生动物也能传递这些信息的话，就没有必要纠结“现实”这两个字。那样的思维方式也是必要的。接触真正的动物的确很有意义，但是现在的时代已经很难捕获野生动物，而且我们也不知道对于野生动物来说是不是一定幸福。这也是一次很好的机会，让我们去除现有的结构，去思考能否在动物园之外提供价值。

彼得 变化的时候也会产生很多转机。您预测今后会发生怎样的转机呢？

山本 **今后个人和世界都会意识到循环，并会关联下去。**新冠肺炎在世界各地的蔓延，让很多人意识到**自己置身于社会的循环当中。**就连一个口罩也搞不到的那一瞬间，让人深切地体会到在世界尽头发生的事情影响到了自己。从常识来说，我们知道很多口罩是在中国生产的，也多少有些产业链的概念。但是亲身经历之后的感受肯定更加深刻。今后，理解这种循环的联系，再关联下去的结构会不断发展。我们也在创造将循环“可视化”的装置，不仅是人类社会，如果能通过野生动物展示与自然、世界的联系就再好不过了。

还有一点，之前日本的动物园、水族馆之间的联系太少了。

采访

每一家都在努力发声，但是没能关联起来。但是，这次统一加上“**停业的动物园、水族馆**”的话题标签（Hashtag），在社交媒体上发声的气氛高涨。响应关西地区其他场馆的呼吁发声的结果，就是扩散到全国各地，形成了联系。

后新冠肺炎时期，我认为必须打造一个平台，以我们作为起点，通过网络与所有动物园保持联系。**就像是建立起一种循环机制，从各地把过去没有被价值化的东西集中起来提供给游客，由此获得的资金再分配给各动物园。**新冠肺炎让我们意识到了联系的重要性，必须抓住这次机会。

采访

> 要去发现而不是消除认知偏差

要与认知偏差友好相处，**“元认知”也就是客观地看待自己的认知方式非常重要。**注意到偏差的存在，去把握它在何时、如何发挥作用。经营公司或者体育团队，都是先准确地把握状况，重视自我认知。通过元认知，明确目前面临的问题，整理所有选项，调整决策过程。

认知偏差不是用来消除的。既然人是有感情的生物，就不可能消除认知偏差。如果是动物，只要物理性的危机不再持续，状况稳定之后，神经系统自然也会恢复平静。但是人类不同，如果有必要，人类会自己创造出战斗、逃跑、惊呆等状况，无论是一天、一周还是一个月，都会持续保持和认知偏差斗争的状态。

另一方面，反守为攻也有可以熟练使用的偏差。例如，乐观主义偏差就可以用在发挥领导能力的时候。即使所有人都意志消沉，如果能始终相信现状有可能也是机会，就会作为一个可靠的领导者，拥有很多追随者。如果悲观主义偏差发挥作用，通过解读这种心理背后自身的意图，既可以鲜明地呈现本来寻求的状态，也能够理解具体的威胁到底是什么。也就是合理地运用乐观主义、悲观主义两种偏差。重要的是，要意识到偏差的存在。

通过意识到偏差的存在还可以避免出现信息流行病。本书采访的各位嘉宾当中，在谈到应对信息流行病的方法时，给我们讲了意味深长的话。据说他们通过社交网络和值得信赖的朋友建立能够交换意见的聊天群，从值得依靠的人们那里获取信息。

想要摆脱不安的状态，或者想要保持自己的轴心不被周围同化的时候，通过值得信赖的信息源获取最低限度的信息，整顿环境，是可以保持稳定的心理状态的。锁定在各领域中值得信任的专家，听取他们的意见也不失为一种方法。

偏差如果出现非建设性的活动，社会就会充满不信任感

要把握范式，不仅要意识到各种偏差的存在，还有必要经常从多角度观察事物。如果忽视偏差,用错误的方法去解决问题，不仅不能解决问题，还有可能把问题扩大。

遭受新冠肺炎危机冲击的欧洲各地，由于国家和民族的差异，各种歧视性的言论层出不穷。在初创公司周边出现了一些离开投资企业的投资人。

在日本，新冠肺炎患者及其家人也受到了来自陌生人的攻击。引起极端心理状态的偏差，在人际关系中出现非建设性的活动，会导致与商业伙伴、邻居的友好关系轰然倒塌。

首先还是要注意自身存在认知偏差。然后不要被这种偏差禁锢，注意去灵活运用它。

09

Jobbatical 创始人、首席执行官

卡洛里·亨德里克斯女士

爱沙尼亚打破常规的经营者，释放变革的动力

卡洛里·亨德里克斯女士在 16 岁开始第一次创业，之后被提升为“MTV 爱沙尼亚”的首席执行官，在好多行业大显身手。现在，作为孙泰藏先生出资的 Jobbatical 公司的创始人，超越国境和区域，积极开展创造工作、闲暇、学习等机会的事业，同时参与策划支持爱沙尼亚多样性的政治活动 KoigieEesti。我向她请教了 2019 年之后在各种变化和考验中，她是怀着怎样的想法从事各种活动的。

采访

卡洛里·亨德里克斯

Jobbatical 创始人、首席执行官。1983 年出生于爱沙尼亚。16 岁时作为国内最年少的创业者开始创业。23 岁就任“MTV 爱沙尼亚”的首席执行官。2007 年入选“代表欧洲的 20 名青年创业家”之一。之后在北欧创办 7 个电视频道，在奇点大学（Singularity University）学习之后，2014 年创办了旨在“全世界的人们跨越国境一起工作”的人才交流平台 Jobbatical，提倡移居海外的新型工作方式。

危急时刻就应该当机立断

亨德里克斯　我第一次创业是 16 岁那年。从那个时候开始直到现在，我一直在从事商业活动，所以我觉得**根据世界和社会的变化，调整自己的生意是很正常的。**随着时代的发展，让事业与时俱进是理所应当的。当今时代，这已经司空见惯了。2019 年公司受到了巨大变化的冲击。

我们以前是从事劳务中介服务的，提供跨越国境的工作机会。公司名叫 Jobbatical，是工作（Job）和休假（Sabbatical）的组合词，是一种一边介绍在国外的工作机会，一边提供休闲、学习等多种机会的商业模式。创办的初衷是通过建立一种系统，让发展中国家的人拥有更好的工作机会，为社会做出贡献。但是 2019 年公司经历了几次巨大变化的冲击，堪称一片混乱。

首先，商业的核心向移居海外工作迁移，调整为开发管理软件和提供支持。公司经过两次转变方针，第二次取得了成功。团队仅耗时 3 个月开发的平台非常出色，被客户称赞是神来之笔，所以新开设了两处海外办公室，开启了新事业。但是，通过这次转变方针，包括产品经理在内，解雇了团队 1/3 的员工。不仅通过平台提供 Jobbatical 的服务，还让人意识到考虑人员投入的必要性，所以实在是无奈之举。毫无疑问，向一起工作的

采访

伙伴道别是一件令人心痛的事情。但是我相信**强有力的团队，应该是应时而动、随时确认自己的状况、每次都能通过杠杆进行调节的组织。**离开公司的员工，最后都表示理解并祝福我们成功。在重新搭建团队的过程中，我认识到能够打造组织、团队的有能之士是何等的重要。

其次，这种大胆、迅速的决断取得了立竿见影的效果。在公司的运营资金仅够支撑 2 周的危急关头，我们获得了大型的投资。再加上美国著名投资家塞米恩·杜卡赫成为 Jobbatical 的董事会成员，也起到了推波助澜的作用。进入 2020 年之后，在我们准备向爱沙尼亚、德国、西班牙拓展事业的时候，爆发了新冠肺炎的大规模传染，事业被迫暂时停止。从这种状况中也能获得能量正是当今时代的思维方式。实际上，现在我们正在拓展事业。

知道了留出个人时间的重要性

彼得 疫情蔓延的时候，您有什么新发现吗？

亨德里克斯 持续居家办公，开视频会议，**更能清楚地看到通话对方的个性**。与在办公室这种现实场景见面不同，各自在家里参加视频会议，不再像以前一样穿着商务套装，而是以一种舒服的姿态互相接触。于是，那个人的性格更容易显现出来，这一点让人非常舒服，这就是我的新发现。

彼得 需要进行范式改变的绝不仅仅限于商务领域，不如说对我们的生活方式、对健康的关注等，给生存方式本身也带来了影响。

亨德里克斯 2019年，我经历了离婚、网络攻击（trawl）等，从个人生活来说也发生了各种事情。不仅作为管理者，作为一个人，可以说也到了迎来转折期的年龄。这些余波不断，又受到了疫情传染扩大的全球性打击，不仅是我自己，包括周边环境在内，双双感受到了范式的变化。

但是，我不会从消极的角度来看待。我把它当作一次机会，大幅度调整了自己的生活方式。最有意义的一点就是**经历了各种危机之后，我发现“给自己留出点时间”非常重要**。离婚之后，我的女儿每隔一周分别跟随我或者前夫生活，确保留给自己的时间和留给女儿的时间显得格外重要。

另一方面，吵架之后长达半年没有过交流、渐渐疏远的曾祖母离开人世，这件事给我带来了很大的改变。虽然在她辞世前一个小时，我们通过电话。但是我深感悔恨，从中领悟到必须要珍惜家人。

我领悟到一个道理：**为了保持心灵的平静，为了提高悟性，在私人生活中像对待工作一样认真地保持自己的核心信念非常重要。**我还在进行冥想。我决定把每天早上的时间用来调整自己的轴心，绝对不在这个时间段安排任何工作。这种规矩，应该有意识地去设定。实际上与那么全力以赴投入工作、遭遇各种危机的 2019 年相比，现在我调整好了自己的轴心，事业的轴心也步入正轨。保证自己身体健康，这甚至与为团队、顾客提供最高的价值密切相关。在那里应该是存在乘数效应的。漫漫人生，任何人、随时都可能经历混乱状态。能否渡过难关，取决于自己是否拥有核心的信念。

彼得　不是在混乱世界中被巨浪吞没，而是正因为身处一片混乱，更要勇于挑战。我向您的这份果敢致敬。这种前无古人的行动受到关注，2019 年刊登在了福布斯日本版（Forbes JAPAN）上面。还有参与**爱沙尼亚多样性的政治活动 koigieEesti**。全方位地观察发生在混乱世界中的各种事情，就可以发现通往下一个范式的入口。

采访

> 回顾清单

使用下列清单，回顾自己的行为。如果有符合的选项，就证明存在偏差。

□有没有陷入“应该～”的思考

对于他人，不管是不是那个人直接面对的事态，有没有期待“应该～”“必须～”？

□你的普遍化是不是过头了

是不是在经验、根据不充分的情况下，匆匆忙忙进行了普遍化？模式化过头的话，会出现对事实超出认知的深度解读，招致错误地判断和周围的误会。

□有没有加上正面或者负面的滤镜

是不是只关注事物不好的一面，忽略了好的一面。例如，发展顺利的话认为这是偶然。不顺利的话，觉得果然不行。是不是有这样思考的倾向？或者相反，有没有只关注好的一面？

□有没有一步跳到结论的情况

基于直觉做出迅速的决策有时是很重要的，但是忽略中间过程，直接跳到结论也很危险。

□有没有进行夸大或者保守的解释

对于失败、弱势和威胁，有没有夸大实际地解释、接受？或者相反，对于成功、强项和机会，相比实际情况，有没有保守地思考？这样做有歪曲因果关系的可能。

□有没有感情用事找理由

有没有依据一时的感情判断自己的想法是正确的？代入感情太强的话，就不能合理地解释原因。

□有没有贴标签

有没有通过过去的经历给一些偶发性、外因性的事情贴上消极的标签？错误的认知会导致描绘出的人物形象出现偏差。

□有没有个人化

因为自己不可控制的因素导致的结果，有没有把它归咎于个人的责任？

□有没有坚信自己一直是正确的

认为自己永远是正确的，从来没有考虑过自己会犯错。有没有这样的倾向？

□是不是只批评别人

总是认为问题的责任在于别人故意或者不注意，有没有只是批评别人？

□有没有出现变化的错误

为了让别人帮助自己，有没有依靠社会性的力量？

□有没有出现公正性的错误

有没有对不同于自己认为的“正义”的行为倍感愤怒？

＞从认知心理学的视角思考范式变化

在理解状况、价值观、事物的构造，即理解范式的基础上，发挥重要作用的就是叫作图式的思考方式。在认知心理学中，其指积累关于某事物的知识和经验、形成一般性概念的状态。

例如，在不同文化共存的生活方式中存在共通的概念和过程时，“A 是处于 B 阶段的 C”这种情况下，就会认知新世界的构造和价值观。因此，可以读懂预测下一个场景到来的真正含义，也可以成为回想过往经验的依据。

图式作为基于经验的行动和知识框架，是通过“同化”“顺应”“平衡”三种功能协同工作而形成的。

例如，有一个人以前一直使用安装了微软 Windows 系统的计算机，假设他现在换购成最新款的计算机，即使里面安装了他没用过的应用软件，但是因为他用惯了 Windows，根据他现有的知识体系（图式）还是能了解大概情况。这种情况就是将外界信息纳入已有的认知结构中，进行“同化”。

但是，还是这个人，买的不是 Windows 而是 Mac 的计算机，情况就不一样了。不仅操作方法大不相同，而且具有不同功能的文件夹和构造都截然不同。必须去适应和自己已知的信息完全不同的新知识。这种情况就是重新调整认知结构，进行“顺应”。

像这样和谐地进行同化和顺应就叫作“平衡”，但是同化和顺应未必是分别发挥作用的。反复进行平衡化、学习自身与外界关联方式的过程中，如果同化和顺应不能协调工作，就会出现“认知性不协调”。

持续的认知不协调会导致精神伤害，但是**在保持防卫和休**

眠的状态下感受适度的心理负担，也是蜕变到下一个发展阶段的好机会。大家也应该在遇到新图式的时候，体验一下认知的不协调。今后人工智能会进入我们的生活，日本的社会会更加多样化，还会不断出现新的图式。那个瞬间就是范式发生变化的时候。

偏差创造范式，范式造就偏差。人类要生存下去，偏差是无法避免的。

我想提醒大家注意的是，人类是基于所见形成偏差的。但是实际上，还存在我们看不见、没有认知的东西。它们通过切换成新的范式显现出来。

例如,哥伦布到达多米尼加的时候,原住民并没有发现航船。当然他们看见了船只，但是他们没有对船的认知。后来诞生了新的范式，认知了“侵略”的概念，他们才开始理解航船到来意味着什么。

认识到偏差对于个人保持生命的平衡是很必要的。如果着眼于大局，通过关注偏差的存在，思考即将出现的新范式，应该是可以捕捉到信号的。偏差会成为读懂风向的重要信号。

第 2 章的思考

阻碍你进行范式改变的偏差是什么？

“有价值的事情”是什么？

为此，

你在日常生活中进行着怎样的“选择”？

第3章

3

重新思考「工作」的意义

＞ 成为一个有意识的劳动者

以新冠肺炎为契机，有望发生较大范式改变的领域就是工作方式。以前提倡“工作方式改革”，提倡、实施错峰上班，远程办公的公司增加了不少,但是很多人不过是执行公司的命令而已。

然而，新冠肺炎危机让很多人经历了无法前往办公室的状况。不能从上司那里得到细致的指令，每次都得自己做出判断、推进工作。这种时候，大家才真正体会到了工作方式改革的目的所在。根据自己的人生目的，自己来积累工作经验。原本的目标就是实现每个人独立思考，行动自律、自立的工作方式。

我在新冠肺炎危机之前，就思考过：**日本人应该更多地进行逆向思维。**每天早上在固定的时间起床，吃早饭，换衣服，坐电车，到达办公室，打开电脑，处理邮件，参加预定好的客户碰头会（图 3–1）。当然，从这个过程中也能形成必要的能力。但是这就是大多数商务人士的日常生活。我认为，只从事规定好的工作，就感觉不到自己的主观能动性。

公司的规定				有意识地选择
穿西服	组织决定	服装	个人决定	根据TPO(时间、地点、场合)来选择
到办公室		场所		选择最佳环境
早会		关门		自律和决策
固定的休息时间		休息		精力管理
固定的联络会议		汇报、联络、商量		状况可视化
定义和规定		业务程序		挑战和变革

图3–1　做出决定的主体从组织变成个人

我想推荐的是**“成为有意识的劳动者”**（Intentional Worker）这种工作方式，Intentional 在英语中是“故意的、有意识的”意思，也就是按照自己的意志来工作。归根结底，工作就是一种输出。**因为为了保证输出，将最适合自己的工作方式程序化正是原本应该有的工作方式。**也有不少人认为“回邮件和安排讨论都是自己有意识去做的，所以自己已经是有意识的劳动者了”。其实不然，回邮件和讨论的目的，真的是自己有意识想做的事情吗？

朝着规定好的目标，按照规定好的路线前进，这不是人生该有的样子。那种人生也可以说是“度过了别人的人生”。例如，我的目标是**“任何人都能创造可以实现自我价值的世界”**。我从事过好几个公司的管理工作，每一个都是从这个目标逆向思考推导出来的。自己的人生目标是什么？想要收获什么？要明确地勾画出来，思考最佳的工作方式，就能看到通往目标的道路。

然后，就能够思考为了让自己的输出最大化，应该如何提高生产力和效率。

听说在新冠肺炎危机发生后，重新考虑转行、就业、搬家、独立的人越来越多。相反，在这个时期如果对自己的工作和创造的价值没有任何想法，实在是一件危险的事情。

我们今后会重新定义工作的意义，并在此基础上设计出新的工作方式。这种意识的改变，就预示着范式的改变。

10

株式会社 Cyborus
总裁兼首席执行官

青野庆久先生

把员工的幸福放在首位：
大型风险企业创办者

青野庆久先生是 Cyborus 的社长，因施行居家办公和休育儿假的制度，大胆推进公司内部工作方式改革而著称。也许可以说现在公司终于追上了青野先生的脚步。公司的形态会因为范式变化出现怎样的改变？公司应该是什么样的？我们向在公司工作的个人谋求什么？我们请他讲述了公司与人的关系。

采访

青野庆久

株式会社 Cyborus 总裁兼首席执行官。1971 年出生于爱媛县。毕业于大阪大学工学部信息系统工学科，入职松下电工（现在的松下）。1997 年在故乡松山市和 2 位同事一起创办了 Cyborus，2005 年就任该公司的总裁兼首席执行官，开始公司内部的工作方式改革，将离职率降到原来的 1/7。作为 3 个孩子的父亲休过 3 次育儿假。历任总务省、厚劳省、经产省、内阁府、内阁官房的工作方式变革计划的外部顾问。著有新作《任性让“团队”更强大》（朝日新闻出版）。

培养不撒谎、不隐瞒的企业文化

青野 充满不确定因素的时候，最重要的是一边学习一边不断优化自己的决策。我们公司以前有三成的员工居家办公。新冠肺炎刚开始传染的时候，因为“完全搞不清状况，但是觉得很危险，所以全体人员还是暂时居家办公吧”。我向所有员工发出了这样的指令。当时我跟他们说“等到了解情况之后再改回来”。毕竟是新型病毒，我们也不是很了解。正因为没有人知道正确答案，所以作为管理者能做的就是继续在开放的环境学习、进行决策、持续发声。我们公司的经营模式是以互联网为介质的，所以比别的公司容易应对一些。但是应该考虑到今后还会随时出现类似的危机，需要在这个前提下构建经营模式。

远程办公成为常态，会议全部通过网络举行，这让我们再次感受到了网络的优势。**不用考虑座次表，与会者都能平等地参会，可以清楚地听见每一个人的声音，可以迅速聚集、迅速解散，优点的确不少。**实际上，我们正在讨论今后可能都不需要会议室了。不过，带有厨房的会议室也许会保留。毕竟这里有红酒、酒杯，大家可以一起做点好吃的，一起畅饮。

彼得 就算可以通过网络开会，想要加深关系还得在一起

采访

闹腾才行啊。当在线办公变成主流之后，有哪些需要注意的地方呢？

青野　因为很多人在不同的地方、不同的时间工作，所以我们必须在共享信息方面投入比过去还要多的精力。如果聚集在同一个地方，自然而然能听见别的部门的事情，还可以看到对方的表情。如果既听不见也看不见，每一个人在工作的时候有意识地公开信息、相互确认，就显得很重要了。

不过，光靠每个成员用心去做还不够，**公司必须要培养不相互隐瞒、不撒谎的文化。**其实，这一点在日本很难实现。管理者总是不愿意公开信息，不告诉你今天社长跟谁见面了。日本有这种“隐瞒”的风气。必须要改变这种风气，不断营造在网络上更加开放的氛围。

想要过得幸福，就要不断追问自己想要什么

彼得　日本的公司里没有这样的偏见吗？员工感情不外露，不能把幸福挂在嘴上。但是，如果我们把公司和上司也看作一个有感情的个体，大家实在是很努力呐。

青野　是啊。但是要让大家展现自我并不容易，我们也费了不少力气。**展现自我是需要训练的。**最近，关于薪酬，我们形成了一个自己申报理想金额的制度。但是日本人还不适应这种做法，被问到“你希望是多少”的时候，大多数人回答不上来。所以我就催促他们重新思考一次，在考虑个人生活的时候到底想要多少薪水，想要通过什么方式去提高薪酬。

2019 年也有一些用力过猛导致失败的做法。原本规定入职 2 年之后的员工可以按照个人意愿选择工作地点和所属部门，但是我们允许新员工也这样做，结果在新员工当中引起了混乱。他们不清楚自己适合什么，在毫无工作经验的状态下让他们自己选择想去的部门，确实很难作答。我正在反省，因为自己好心办了坏事。

但是，**想要明确自己想做什么、知道自己想要什么，还是只能通过训练实现。**还有，想做的事情是不断变化的，所以必须不断地反问自己。在日本，一进入小学领到课本，就得接受

安排好的课程。就算你说“想多学一点算数”，也只会得到“所有科目都得好好学”这样的回答，孩子们也就不再自问自答了。于是，他们不再考虑自己想要什么，而是开始思考对方想要的东西。想要过得幸福，必须不断寻找自己想要的东西才行啊。

彼得 给想要的东西排序也变得重要起来了呀。

青野 是啊。疫情扩大的时候，学校全部停课，托儿所关门，有很多员工没有地方托管孩子。一边在家照顾孩子一边工作，所以工作效率不太容易提高。尤其是有低龄孩子的员工，压力特别大。当我听到一线传来这种声音的时候，我明确地表示，“这都是没办法的事情，就算表现不好，也不要往心里去”。因为一边看孩子一边发愁做不出工作成果，肯定会影响工作，还会造成精神负担。好像有不少员工暂时放下心来，还有人发来反馈，说“得救了”。

按照个人的考虑决定优先顺序，该放弃的就放弃，这一点也很重要。子女和工作，显然是子女更重要一些。我希望大家不要把这两个顺序颠倒了。说到底，人为什么要创造公司这种制度？那是**为了让大家更加幸福。**我们为了度过更加快乐的人生而选择的体系就是公司。所以，如果在公司工作让你感到不幸福，无论这家公司提倡的理念多么崇高，这家公司也是不正常的。不能让公司理念高于员工的幸福。公司理念的优先顺序不应该高于教育子女。因为不重视照顾孩子，人类就会灭亡。作为一个公司，必须要明示这种优先顺序。

＞缺乏热情和创造性就无法开拓未来

工作方式随着时代发展不断变化。从著名大学毕业，入职大公司，走上出人头地的道路，这是以前日本的精英形象。但是我们观察现实，就会发现这种精英式的平安康泰的资本主义时代已经过去了。

不同的时代，职场需要的技能和姿态也不尽相同。19 世纪生产经济时代需要的是默默执行命令的勤奋。稍微说得严重一些，可以称之为“服从”。之后，以知识产权、商业模式、品牌等无形的信息和技术为基础的知识经济时代到来，这种时候必需的是专业性和智慧，但是这里也需要“服从”。

如今，我们迎来了通过发挥创造力从零开始创造新价值来发展经济的创造性经济时代,需要的不是服从,而是**个人的热情、主体性和创造性。**

在这个后资本主义的时代，不再以通过竞争追求利益为目标，而是通过合作来创造价值。最近经常听到“商业生态”这个词。其实，要想在成熟的社会中解决多样化、复杂化的课题，必须要形成一种机制，能让各种人群聚集到一起，发挥各自的技术、经验，创造出利益循环。而且，相比追求效率性、生产性，**去探求为什么形成了这样的共同体，它是怎样运作的，通过这种生态系统将会构建怎样的社会，这种动机和理想会更受重视。**也就是说在这个时代，如果不是有意识的劳动者，根本不可能开创未来。

> “工作方式”已经不是人事的问题，而是管理者和个人的问题

自第二任安倍政府提出“工作方式改革”一来，各公司的人事部门忙于应对，开始探讨、推进远程办公，提出解决长时间加班问题的对策。新冠肺炎出现世界性蔓延,就在这个过程中。于是，公司通过施行远程办公和错峰上班，将工作方式改革一鼓作气推进了一大步。

与此同时，公司内部的远程管理，对工作表现的评价标准，灵活多样的雇佣形式等新的工作方式必须要调整。

但是，真正的主题还不是这些形式上的东西。工作方式改革的目的不是增加远程办公，而是增加主动投入工作的有意识的劳动者。促进个人的自主性，为他们大显身手提供支持。

这已经**不是人事意义上的工作方式改革，而是管理者重新认识公司姿态、个人重新思考人生状态的时候。**通过新冠肺炎危机刷新价值观的人们，今后应该会根据各自的价值观选择相应的工作方式吧。实际上，为了避免传染，居家自肃期间已经有人以“对于远程办公，公司的应对滞后”为由选择离职。不管孰是孰非，如果公司不能及时跟上人们价值观变化、工作方式变化的脚步，则也跟不上这个时代。

企业要想生存下去，必须要重新审视自身的存在意义，考虑如何回馈员工付出的劳动，直面公司通过员工的工作收获的效益。

11

株式会社 Freee 首席执行官

佐佐木大辅先生

作为成长迅速企业的管理者：乘着变化的浪头，乐享其中

采访

佐佐木大辅先生开发面向小公司的云会计软件，在结算领域掀起了一场革命。我们请通过自己的工作支持小型业务的佐佐木先生谈了他在这个变化的时代，作为个人将生意做大的时候需要具备的心态。他还给年轻的领导者们发来了鼓励的讯息。

佐佐木大辅

1980 年出生于东京，家里经营美容院。毕业于一桥大学商学部。在谷歌负责向 APAC 中的小企业提供市场服务。在以传真和传单广告为主的日本，向小企业推广互联网广告。而且，在风险企业任 CFO，体验了财务工作的繁杂。出于这些经历，决定成立株式会社 Freee 以改善日本小企业生产效率低下和使用技术落后的情况。开展软件业务，提供可以制作结算表、确定申报、操作简便的“云会计软件 Freee”。兼任一桥大学经营协议会委员。2 个孩子的父亲，最喜欢的词是“本质价值”。

因为遇到新的价值观而回归本质

彼得　经历巨大的变化，作为管理者当然会对眼前的风险充满危机意识。另一方面也有不少人认为这是一种机会。说到底现在的状况究竟是机会还是危机，您是怎样认为的？

佐佐木　有些医务工作者冒着被传染的风险去帮助别人。从这个意义来说，应该还是危机。不过，对很多人来说也是机会。那是因为人生可做的选择太多，实在很难决定。在这种情况下，通过减少外出这样简单易懂的方式消除了一些选项，**让平时难以做到的事情得以实现。**

例如，网络营销在海外已经司空见惯了，但是在日本还没能推广。正因为不能面对面接触，才体会到“原来可以通过互联网实现啊”。这实在是一个非常好的契机。说说我的个人感受，我和孩子一起烤了好多比萨，终于掌握了烤出美味比萨的技巧。但是如果没有这样的机会，我根本不可能去尝试。人生的选择实在太多。所以，在一定程度上通过外在因素缩小选择范围，更有助于思考，也更容易做出决定。

彼得　真是有意思啊。通过这次机会，人是会发现新的价值观呢，还是说注意到以前没有看到的本质然后回归本真呢？您觉得会是哪种情况？

采访

佐佐木 我觉得**发现新的价值观就是回归本质。**例如，“人不要再住在城市里，要和大自然共存”。这看似是回归本质，其实非常新颖。回归本质本身就是新的做法。因为只有面对过去没有使用过的技术才有可能实现。大家理解即使实现新的价值观和以前从来没有设想过的生活也是可以的，其结果就是生活方式回归本质。

彼得 您是指将地方城市和技术结合起来就能创造新的社会?

佐佐木 没错。我从小一直住在东京，所以看惯了挤得满满当当的电车车厢，认为“车站就应该有专人帮忙把乘客推进拥挤的车厢”。（笑）其实，把人推进车厢这种工作，怎么想也不正常。有什么地方值得这样拼命挤上电车也要去吗？应该有不少人重新意识到比起自己身心愉悦，遵照公司的意图、进入好公司更加重要的想法是多么不正常，这些人就会开始重新思考对自己来说究竟什么事情最重要。

如果发现以前拜访 1 个小时、开会 1 个小时、返回公司 1 个小时的工作，其实用网络 15 分钟就搞定了，那么就不难算出花费同样的时间，可以完成过去 12 倍的工作。而且，有可能在外地或大海边完成。最近好像有人提出“公司对居家办公的应对差强人意，所以我要辞职”。但是不要单纯的辞职，也不要倒退到从前，而是要**注意到这是一种机会，能用比以前先进很多的办法来做自己真正想做的事情。**

彼得 贵公司的客户群主要是税务师和社劳师（社会保险劳

务师），多数都是被称作“老师”的人。他们的工作方式今后会发生怎样的变化呢？

佐佐木 很多事情都可以远程处理的时候，盖章，打开纸质的账单记到账簿上，使用只能从办公室的电脑上打开的记账软件等，仅仅为了这些工作，很多公司的事务人员会专门去公司上班。事务性的工作有个特点，就算一半能在自己公司解决，剩下的一半必须跟周围产生联系才能处理。所以从事这种工作的会计师事务所等，给人留下的深刻印象就是通过跟客户碰面来收费。但是，在“希望通过视频会议解决”的时候，如果不简便，或者没能有效地共享屏幕导致交流不畅，不禁令人担忧“今后还能继续让这个人提供服务吗？”如果认为只要暂时应付眼前的事务就行，就不会认真去处理问题。但是，如果觉得“可能还会来一次”“机会难得，好好表现”，去认真对待，1个月后、3个月后一定会出现很大的差别。认为必须要顺应潮流改变自己方式的人和只顾应付眼前的人，最终的服务质量会大不一样。

即使在个人层面，不是认为“这种异常的状态很快就会结束”，而是怀着**“假如这种状况一直持续下去会怎样呢”的玩笑之心来思考，直接面对问题生存下去是非常重要的。**是选择等待问题结束的生活方式，还是尝试刨根问底？这种区别将会导致巨大的差异。

采访

创造未来，不断培养比大公司还要强的人才

彼得　日本的工作方式尤其是雇佣体系会发生什么变化呢?

佐佐木　个人比组织厉害，应该会成为一种趋势。这也是我们想要实现的未来。通过云会计软件 Freee 来支持个人，也是为了让世界多一个选项，使每个人都能简单地创业。事实上，好处已经初步显现了。

在日本，东日本大地震其实是一次让人重新思考自己人生优先项的机会。在那之前，毫不犹豫地为公司工作是标准的生活方式。地震后人们开始重新思考，“自己的人生是为了什么而存在的”“现在在这里工作，是为了得到什么”。当时创业的人应该为数不少。毫无疑问，这次的危机也是同样的机会。尤其是考虑到人口众多的东京和纽约这种大城市直接受到影响的情况，**对曾经是天经地义的事情产生疑问的人数比例可能会上升。**人们开始思考把自己的时间分配到这里是否合适，责任感也会越来越重。

彼得　有一种观点认为，日本在新冠肺炎危机之后，有很多人会恢复到新冠肺炎发生之前。

佐佐木　现在日本企业里很多了不起的人物，因为曾经是外交领袖，才有了如今的地位。他们应该是能够当面说服对方，

在纷争中从组织里胜出，得到信任和支持一路走来的吧。如果他们有这种外交方面的成功经验，要变化可能就比较难。但是，看看如今世界性的互联网公司的首席执行官，未必全是因为擅长跟人交往而将公司发展壮大的人。比如一些**比较内敛，想着为顾客提供的价值与技术，通过汇集同道之士将企业做大的人。**可以说互联网这种新型交流工具，使他们的价值得以发挥。如果这种内向型的领导日益增多，日本社会今后也会出现变化的。

重新反思工作的意义

大家考虑过是为了什么工作吗?

“工作”是实现自我的重要平台，通过工作创造价值，提供给社会。另一方面，**学习和成长是产生新价值的源泉，可以从中收获动力和满足感**。这个循环才是“工作”的本质。

就像你身上穿的衣服、鞋子，吃到嘴里的食物，是很多人的劳动成果来到你身边一样，现在需要思考一下，你的劳动成果是否也会让别人笑逐颜开，具有带来变化的价值。享受工作的动力就是别人的笑脸和感谢的话语。不管工作多么辛苦，当你得知最后产生的物品或提供的服务能让别人露出笑脸，能从他们那里得到喜悦的直接反馈，**你就会收获满满的成就感和充实感**。然后，成为下一项工作的强劲动力。社会贡献度越高，人们的喜悦和感激也越大。相应地，工作的动力也会变大。如今在互联网上可以和全世界的人联系在一起，所以每个人都具有让世界上更多的人感到幸福的可能性。

有些在大公司工作的人，既不知道自己创造的劳动是怎样被接受的，也不知道是否给别人带来了影响。因为大型组织里面很多工作被细化，不少人都跟劳动的最终成果没有关联性。即使这样也能发掘工作乐趣的人，一般是没有问题的。但是如果因此对工作产生不满，也许该考虑更换工作场所。可以自主创业，也可以开展副业。充分利用公司的资源，在公司内部创业也是可行的。

无论怎样，**这个时代我们的生活方式一定会发生新范式的地壳式变化。暂时停下脚步，客观地观察自己的状况吧。**在人口稠密的大都市工作，挤在电车里每天去同一个地方上班，每天在路上花费时间去拜访客户，加班之后披星戴月地回家等，对这些以前司空见惯的事情，也许会产生矛盾或者疑问。“工作”这个范式本身也会发生变化吧。

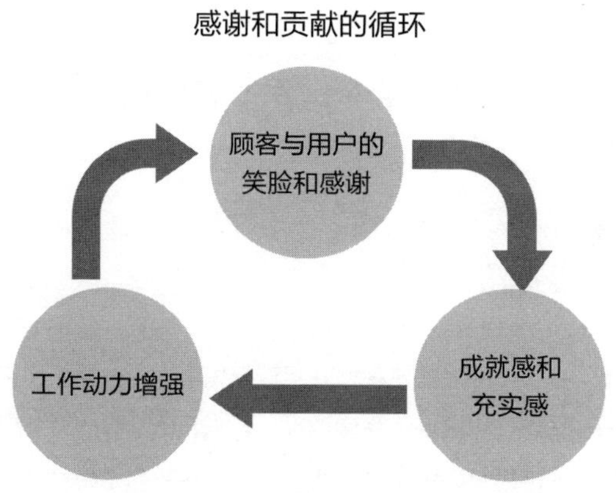

日本正在进行工作方式改革，但是我稍微有点担心。因为政策的意图是想要更加自由地工作，这种意图可能反而会导致其他不自由。与其依赖新的制度，**不如让每一个劳动的人，找到“我想这样生活”“我想这样工作”的轴心更加重要。**“工作”到底是什么？让我们再次认真地面对这个本质问题吧。

12

株式会社 yahho brewing
总裁兼首席执行官

井手直行先生

“那样刚刚好”：通过 Yona Yona Ale 踏上通往诺贝尔和平奖的道路

采访

“每天晚上的艾尔啤酒 (Yona Yona Ale)”“星期三的猫咪”“我喝啤酒你喝啤酒”等都是手工啤酒的名称，井手直行先生凭借独特的命名方式和个性化的啤酒味道奠定了手工啤酒的牢固地位。井手先生几经周折，成立了自己的公司并出任社长，让所有员工享受变化、顺应变化。对于意料之外的变化欣然接受，感到“那样刚刚好”。我们向井手先生请教了独树一帜的经营哲学。

井手直行

株式会社 yahho brewing 总裁兼首席执行官。1967 年出生于福冈县。曾在大型电器厂商、轻井泽广告代理店等工作，1997 年在株式会社 yahho brewing 创办初期作为营业人员入职。2004 年，负责乐天市场网络业务。凭借招牌啤酒“每天晚上的艾尔啤酒”让业绩走出谷底，呈 V 型恢复。2008 年开始任现职。

餐饮行业、会展行业都会发生变化

彼得 其实在2018年，我曾经和您一起制定了“开怀畅饮工房”计划。提到下班后喝上一杯啤酒，一般会浮现出下级对摆出前辈架子的上级进行各种揣摩的形象。那个计划还真的是一扫旧风气，创造了新世界啊。

井手 还真是。我们认为啤酒不是单纯的饮料，**把它定位成通过人与人的联系感受幸福的娱乐方式。**我们公司会举办以啤酒为中心的活动，在网页上发布有趣的内容，我们产品的很多粉丝从中感受到了价值。

彼得 全世界一起开始网络化的趋势，是不是给商业带来了巨大的变化呢?

井手 要说工作方式的话，我们率先推行了远程办公。正因为以前太纠结于要和人直接见面交流，所以这是我们旧价值观的工作思路上不曾出现的想法。但是我们发现，如果被逼无奈，人是能够应对不同形势的，这是一个重要的发现。我们在轻井泽，对于在东京工作的人来说，居家办公的好处太大了。借此机会，工作方式必将发生改变。

而且，我们和支持者的交流很多，在制造行业是比较少见的。新冠肺炎蔓延导致现实生活中的活动全部被叫停。但是，另一方面，从几年前开始的网络品酒会吸引的参加者增加了好几倍，气氛特别热烈。以前认为“在线喝酒没意思”的人们，**希望能和别人产生联系也来参加，并且找到了新的乐趣。**就算不能面对面，我们也再次了解到还可以通过这种方式与支持者互动。同时，我们得知啤酒能够提供超出本身功能之外的幸福，对此深感欣慰。我认为借这个机会，将有更多的人真真切切感受到幸福。

今后，不仅是活动，日常的酒会也会发生变化。亲身体验一次在线酒会，感受在现实生活中的酒会不具备的乐趣。如果置身同一个场所，可以一边感受现场的热闹气氛，同时欢呼、交流，进一步活跃气氛。如果是在线，若大家同时说话就听不见别人在说些什么，所以不会有那样的热闹场面。解决方法是**每个人轮流发言，其余的人点头倾听。这样就有机会认真倾听别人的想法。**我认为即使以后状况稳定了，这种模式作为不同于面对面喝酒的形式还会继续发展。

彼得　酒会的形式如果发生了变革，在外面的餐饮的业态应该也会更加多样化吧。

井手　是啊，这样的危机今后有可能还会出现，具有一定从商经历的人都能做出这样的预测。过去营业额百分之百来自当面接待顾客，现在他们应该在摸索将其中的三四成转化成在线或者外卖的形式。主题公园也必定会推出新玩法，让客人感受和入园游玩不一样的乐趣。

持续变化就会进化

彼得 真是变化不断啊，这种时候，社长必须时时刻刻改变自己的思考和判断。您作为管理者，在引领员工的时候最重视的事情是什么呢？

井手 新冠肺炎危机的时候，我很早就跟员工们说过："生存下来的不是最强大的，也不是最聪明的。只有变化的才能活下去。"我们也许既不强大，也不聪明，但是我告诉他们我希望拥有能够变化的公司和员工。为了克服危机生存下去，一起改变吧。变化持续下去就会发生进化，我说要一起进化。实际上 2020 年，我们的入职仪式和新员工培训都是在线举办的。虽然是接到地方政府的通知后匆忙决定的，但是大方向一定下来，我们的员工马上领命开始主动思考，办得非常成功，真让人感动。同时，我再次认识到这是一个严峻的时代，必须能灵活地应对变化。

我在这里也看到了无限可能，还很期待。也许可以通过网络连接整个世界。我以前说过"想要凭借每天晚上的艾尔啤酒(Yona Yona Ale)拿下诺贝尔和平奖"。如果啤酒能够支持世界和平就再好不过了。

第 3 章的思考

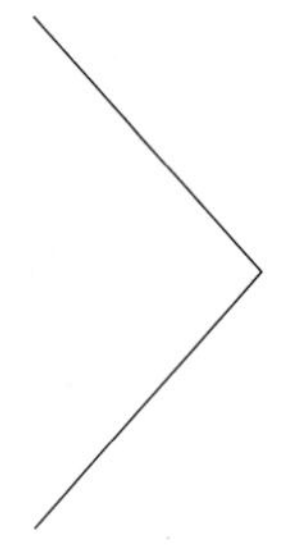

你最强的能力是什么？

它和工作有怎样的关系？

第4章

4

人生就是不断学习

＞ “学会学习”，向教育的转变

你们听说过泰勒主义吗？这是 20 世纪初，美国人弗雷德里克·泰勒提出的劳动者管理方法。泰勒主义是将生产过程分解成简单的工序，如拧螺丝、抡铁锤等，通过细化工人的工作来提高生产效率的管理方法。在这种管理方法之下，工人不必掌握知识，无须与其他负责人进行交流就能完成工作（还不如说不进行交流就不会出现浪费，更有助于提高效率）。于是，汽车制造商福特公司在制造工厂生产线的时候引进了这套办法，提高了生产效率。后来从全美普及到全世界。对于掌握了整个过程的管理人员来说，更容易把控全局，即所谓的军事化管理。

后来，约翰·洛克菲勒把这种管理办法用到教育制度上，并且固定下来。他说过一句著名的话：“我不希望这个国家成为思想家的国家，我希望是劳动者的国家。”他还说：“我们不能让人们和他们的后代成为哲学家、学者和科学家。也没有必要把他们培养成作家、编辑、诗人和文人。也不能去寻找伟大的艺术家、画家、音乐家、律师、医生、传道士、政治家以及政治家的素材，因为这些已经足够多了。”在石油贸易上大获成功的洛克菲勒创办了各种从事美国教育、研究相关工作的财团，他想要对在他工厂劳动的工人开展一种方便资本家控制的“教育”。

受到泰勒主义的影响，教育制度成了聚焦职业的“资格制度”，发展成培养蓝领工人和白领工人的教育体系。

彼得·德拉加表示，这是开始提倡资本主义社会中知识劳动力必要性的时代，因为需要白领工人具备掌控蓝领工人的知识。之后，作为管理理论固定下来。

日本参考了泰勒型的生产管理模式，实现了经济的高速增长。在教育一线，泰勒主义的思维方式依然根深蒂固。将科目分成理科、算数、语文、社会等，无疑就是出自这种想法。在学校灌输知识，考试就跟工厂检验零件一样。日本学校的目标就是要求学生听话、遵守校规，让他们考取资格证，再送到稳定的工作单位。

但是事实上，从学校毕业之后进入公司，没有哪个问题仅仅依靠在学校学的算数知识就能解决。例如，在北欧的国家，学校的教学计划中是没有“科目”的。他们基于项目，综合学习超越学科概念的所有知识。那就是他们步入社会之后能用上的智慧。

在日本的公司里面，对刚入职的应届毕业生，会进行几周、有时候是几个月的培训。这在欧美公司看来，是一种不可思议的制度。欧美国家的学生一般在大学时代，会以某种形式进行职场体验，让学生具备某些专业能力。所以新员工没有必要从零学习，入职之后就能立刻开始工作。

日本为什么和欧美有这么大的区别呢？原因在于雇佣形式不同。欧美国家通过职位描述进行招聘，要求新员工具备能够立刻活跃于职场的战斗力。不同于这种体系，日本是长期成员资格型，也就是说录用不受职务、工作地点限制的多面手，由用人方判断之后做出合理的分配。

因此，日本会录用那些尽量不辞职的人，能够毫无怨言长期为公司工作的人。其实这里面隐含着一种文化契合，即员工能否一直为公司工作到退休。与个人的力量和想法相比，公司优先考虑的是“稳定劳动”这种管理战略。在这里，每一个员工自我实现的愿望被一点一点抹杀。在求职面试的时候，有很多人对自己的梦想和入职之后想做的事情侃侃而谈。但是，工作几年之后，到底有多少人真正实现梦想了呢。

公司制度和教育一线的情况要密切结合。既然教育的评价指标之一就是就业率，那么学校必将不断培养公司所希望的能够稳定劳动的人才。我把这种人才戏称为像在电影《星球大战》里戴白头盔的士兵们一样的“冲锋队”。

但是，在工作一线也在发生大的范式改变。公司现在要面对的问题是向创新型体制转变。在商业构造发生巨变的过程中，毋庸置疑，我们需要的不再是“冲锋队”，而是**拥有崭新理念**

的人才。即使在高度趋同的日本，当务之急也是不受现有文化的影响，创造能带来新风潮的**文化添加（Culture Add）**的环境。

与此同时，今后的时代，个人将根据自己的意愿选择职业，而跳槽也会成为天经地义的事情。学校教育的目的会变成培养能够进行自主选择的人才，学生也会转向自主学习。这种社会变化，应该会给学习的范式带来巨大的刺激和改变。

带着“疑问”学习才是真正的学习

如今，日本的教育在很多的人的努力下，也在不断发生改变，但与世界上的教育强国相比还有差距，将来的孩子们一定能在更好的教育制度下学习。

对那些已经步入社会的人们来说，认识到自身的不足，培养自主学习的意识是关键。**真正应该学习的并不是知识，而是“学习”本身。**我希望大家学习的不是知识，一定要具备“学会本质”这种能力。例如，学外语的时候，最重要的不是使劲把单词塞进脑子，而是实际运用语言；学习的场所也未必局限于学校。你要知道，即使步入社会，只要有心坚持也能每天学习。

希望大家不要忘记一点，**学习的时候“想要知道”这种强烈的好奇心是必不可少的。**社会上三天两头地举办各种研讨会。有名人出场的研讨会会吸引很多人参加。但是，如果只是为了提高自己的影响力去参加的话，最后只能收获一点满足感："我参加过研讨会了。"真正的学习，体现在参加后收获能解决自己难题的知识，获得真心想了解的信息，满足好奇心的刺激和体验。

对于任何事情，能够勇敢、彻底参与的意识很重要。不仅是书本和网络，**与人对话、游戏都是很好的学习机会**，要具有单纯的好奇心和探索精神。日常生活中的一切事情都是学习的机会。任何学习，只要目的明确，带着疑问，就会有成效。

13

广岛县教育委员会主任

平川理惠女士

不断挑战！“学会学习这件事”

平川理惠女士在入职 Recruit 期间在美国获得 MBA 学位。之后创业创办公司，后出任公办初中的校长，再后来担任广岛县教委主任，拥有与众不同的工作履历。平川女士发挥出众的行动力和直觉能力一路奋斗到今天，她说：“如今，学校本身迎来了变化的大好机会。”“正因为生活方式没有正确答案，所以必须要自己去创造正确答案。”平川女士心目中未来的教育到底是什么样的呢？

平川理惠

广岛县教育委员会主任。1991 年入职 Recruit，1999 年创办留学中介公司，经营了 10 年。2010 年通过公开招募就任横滨市立市之尾初中校长，成为全国首位担任公立中学校长的民间人士。2015 年，就任横滨市立中川西中学校长。期间，作为中央教育审议会教育课程企划特别部委员参与修订新的学习指导纲领。2018 年 4 月任广岛县教委主任。同年 8 月开始成为教育再生实行会议有识之士。

要思考到 2035 年，满 15 岁的孩子们需要什么教育

平川 对于新冠肺炎，人们有各种各样的看法。为了确保不被传染，“零容忍”和“闭门不出”是必要的。但是我们不知道病毒什么时候才能被消灭，大人孩子不可能永远待在家里。有种观点认为虽然有被传染的风险，但是可以开放学校，确保学习的机会，应对心理问题。但是人人都会担心被传染的问题。有的人不敢去触摸门把手，有的人完全不介意，照样出门玩。每个人的价值观都不一样。在广岛县，考虑到各种情况，从 5 月中旬开始以“自愿分散到校”的方式重新开启学校的大门。经过与父母的良好沟通之后，担心失去学习的机会、心理健康受到影响的人可以到校学习，不愿意出门的人也可以选择待在家里。“自愿”就意味着到了学校也不算出勤，没到学校也不算缺席。而且，我们还精心设计了一下，规定可以到校的日期，错开到校的时间，提倡“分散到校”。

在这次严重的危机中，我们觉得比较好的地方是某种意义上诞生了机会。之所以这么说，是因为新冠肺炎导致学校长时间停课期间，我有了新的想法和观点。在无法保证课时量的时候，不受局限，通过在线教育和居家学习让学生掌握知识，从履修

主义向新习得主义转变。例如，高中生里有要报考大学的学生和直接就业的学生，他们的当务之急肯定各不相同。要升学的学生到校学习，打算就业的学生可以在家调查工种和公司等就业信息，通过网络跟老师商量，这些事情可以并行处理。我一直在说“教育的选择”，这是走向最适合每个个体的学习方式、能够进行适应性学习时代的良机。

彼得 另一方面，还有一种意见是希望学校提供某种程度的组织、“成功的模式”。

平川 那是为了获得一种自己步入正轨的安全感吧。但是，今后人生百年会出现各种各样的复杂选项，不存在走上正轨的安全感。可以说谁也没想到，踏入正轨的安全感被新冠肺炎破坏了。

新冠肺炎危机期间，我一直在说一件事：“2020 年出生的孩子到了 2035 年就满 15 岁了。那个时候的学校应该是什么样的？大家要描绘一下。”仅仅忙于应付眼前的问题，就像打地鼠一样。如果从长远的目光来考虑，就能解决根本性的问题，实现远大的理想。2035 年数字环境会成为标配，也不存在时间和空间的限制。受地理条件限制，固定在某个地方学习的问题也许不复存在，在自己认为必要的时机学习自己感兴趣的东西也许会成为自然而然的事情。网络授课，不一定要求所有同学都到学校，“不到校”这个词也就不存在了。如今，学校本身将迎来华丽转身的好机会。

在没有互联网的时代，例如，男孩子喜欢的“昆虫”“恐龙”

“电车”等，这些个人爱好很难慢慢发展起来。但是，现在所有信息都能在网上查到，所以很快就能分成两种类型——喜欢刨根问底的孩子和马上转移到下一个爱好的孩子。了解某一方面知识的孩子会越来越了解。现在，互联网带来的信息，不管是数量还是多样性，都远超学校，甚至任何人都可以自由点击达到大学和研究者水准的知识。孩子们非常自然地接受了这种环境，在那里成长。我个人甚至认为，肩负着日本未来的孩子们，如果因为课程内容枯燥乏味而不爱上学，变得没有自信，还不如不到学校，自己去探究，这样至少还能保持对自我的肯定。学校必须要有新的存在理由。就算大家都明白，对于过去无法改变的东西，要意识到现在机会来了。

培养能够提出本质问题的教师

彼得 具体说来，教育应该变成什么样呢？

平川 今后的教育比较重要的是“学会如何学习”，这可不是“做好作业”这种简单的劳动。为此，**首先必须发生改变的是教师。**怎样才能让课程有趣？**关键在于能不能提出本质性的问题（Essential Question）。**如果教师只能对课本上记录的知识和记忆层面的内容提问，那么问题会变得严重。如果只能提问“为什么形成了云”，课就没法往下上了。

例如，讲述工业革命的时候，如果只是展示富冈造丝厂的照片，介绍英国发明了蒸汽火车等那个时期的知识，是不能让孩子们自主思考的。尝试将目光集中在身边的机器上，展示这种机器问世前后时间线的变化。这样上课怎么样？例如缝纫机，从前是手工一针一线缝制衣服。发明缝纫机之后，可以大量生产衣服，逐渐形成了时尚潮流，出现了模特和时装杂志。像这样孩子们就会思考。这样的思考对将来是很有意义的。通过这种设问，课程就会发生变化。

在线授课对课程的趣味性要求更高。面对面上课的时候，即使课程内容有点枯燥，但是能看到自己喜欢的朋友，可以传小纸条。因为有朋友在身边，也许上课的时间不那么难熬。但是独自上网课的时候，如果依然是粉笔加长篇阔论，孩子们马上就会厌倦。提出本质性的问题，让孩子和老师形成互动。只有这样的课才有人听。回过头来，线下课程中，引导也越来越重要。

彼得　您希望2035年初中毕业的孩子们具备哪些能力和技能呢?

平川　自立和创造能力。我当初中校长的时候说过“自立和贡献”。但是最近我发现好像能够乐在其中并给别人带来快乐的创造能力最终也做出了贡献。要让一个人活出自我，创造能力是很重要的。本来，每个人都有创造力。但是在学校在家里，被命令“得好好学习”，渐渐地创造力就被削弱了。例如，有个孩子从学校图书馆借了一本《职业棒球年鉴》，却被妈妈批评：“不许看这种书，得看学校推荐的书目。”其实，如果阅读《职业棒球年鉴》，不仅可以学到小学阶段应该掌握的汉字，上面有安打率的内容，还可以学习比例的算法。实际上可以学到很多东西。尽管如此，为什么还是不被允许呢?

根本问题在于基于应试和知识点考察的学习评价。学龄方面也有弊端。每个人进步的速度不同，感兴趣的点也不一样。规定“这个学年学习这些”意义何在呢?小学2年级的老师在黑板上写了应该在3年级学的汉字，说着“哎呀，这个字还没有学呢”，特意把它擦掉改成平假名。这显然很可笑，这是对平等主义的误解。这种时候不应该要求适应性吗?

创造力必须在安全、安心的环境下才会产生。江户时代文化繁荣，是因为没有战争，不用担心被无缘无故地夺走生命。今后也许有的家庭在经济方面会比较辛苦。那时，我们必须要思考如何充实安全网络，为孩子们提供安心、安全的成长环境。

实现自我的第一步是认识自我

前文曾经谈到，我把“创造一个任何人都能实现自我的社会”作为己任，那是因为**要让人幸福地工作，实现自我必不可少**。不是头衔和偏差值，而是用自己擅长的事情为社会做贡献，要增加这样的人。当然简单地说起实现自我，每个人都不一样。有的人认为“成为演艺界人士”是实现自我，也有人觉得是“在乡下从事农业”。有一件自己应该做的事情，然后去实现它。可以确定的是，朝着那个目标前进的人，应该在快乐、幸福地工作着。

实现自我，包括下列 3 个前期阶段：

（1）认识自我；

（2）宣告自我；

（3）表现自我。

第一步是认识自我，这是对自己真正的价值观、想给社会带来的冲击的自我认识；宣告自我是在自我认识的价值观基础上，为了实现自己描绘的未来，将“想要实现这个”言语化；表现自我是在认识自我的基础上选择适合自己的工作方式。通过从（1）到（3）的过程，实现只有自己才能做到的事情，也就是实现自我。由此获得自信，提高对自我的肯定。

在日本，无论是学生时代的升学考试和社团活动，还是踏入社会之后，都有将“吃苦”视为美德的倾向。世人普遍认为，不管这种想法多么没有道理，经历痛苦、险要的道路获得成功这件事本身还是有价值的。

但是，真的如此吗？不断努力当然很重要，但是我对这种不惜扼杀自己的真心也非要展示自己吃苦的自我实现是持怀疑态度的。我真心希望追求那些真的只有自己才能实现的事情、符合自身价值的东西，是充满包括实现自我过程在内的积极性和好奇心的。

＞没有受过训练的日本人

很多日本人不擅长自我实现的步骤，即认识自我、宣告自我、表现自我这一过程，是因为没有受过训练。欧洲一直重视个人的教育，反复向孩子们追问“你是什么人”“你喜欢什么厌恶什么”，敦促孩子们认识自我并告知周围的人。

相比之下，在日本，无论在学校还是家庭，都没有这样的教育。所以，认识不到自己是什么人，也意识不到自己想做什么，就这样走进了社会。

步入社会之后，很多情况下职场也没有提供可以宣告自我的场所，这也是一个大问题。如果喝着酒则容易吐露真心，但是有很多人在工作单位绝对不会说出心声，他们在办公室和居酒屋灵活地区分着场面话和真心话。每当我在周五晚上的居酒屋看见商务人士们生机勃勃的样子，心情都十分复杂。因为我会忍不住想如果把这种能量用到工作上，该是多么出色的成果啊。

本来，如果公开表示“我希望的未来是这样的”，周围的人就会来支持你,最终帮助你实现自我。如果从自己嘴里说出“我在做这样的事情”“这是我所擅长的”“今后我想从事这个”，别人就会了解你的人品，有利于一起工作。但是，就连和我一起工作的同事，如果问他们“告诉我你想要什么”，也很难得到回答。用语言具体表述出来并不那么容易。

不仅是日本人，其实我个人也有同样的体验。我以前工作过的摩根士丹利（Morgan Stanley）里有一位非常优秀的上司。我当时是她的下属，她经常跟我一对一开会，努力去了解我的事情。但是，我当时无意识受到上一份工作中个人偏见的影响，关闭心扉，不愿意坦率地说出自己的想法。那时，她气急又无奈，跟我说“实在读不懂你”。我很茫然地问她应该怎么办。她回答说，**“告诉我你想要什么（If you want something，ask for it）”**。那是她发给我的讯息。“如果你告诉我你希望做什么，我们可以一起实现它。因为这就是我们工作的目的”，受到这种想法触动，我的人生发生了改变。

14

株式会社 Time Leap
首席执行官

仁礼彩香女士

创办"知晓自己"的教育：不断创业的学生创业家的野心

有人在学习的世界里践行了范式改变，她就是株式会社 Time Leap 首席执行官仁礼彩香女士。面向孩子，提供能够培养"开拓自己人生的能力"的教育体系。在她小学 1 年级的时候对现有的学校教育提出质疑，之后一直为改变教育的现状努力奋斗。现在的教育存在什么问题？自己的任务是准备改变什么？一系列活动的原点是什么？我们聆听了她的心声。

采访

仁礼彩香

株式会社 Time Leap 首席执行官。出生于 1997 年，就读于庆应义塾大学综合政策学部。初二的时候创办第一家公司开展教育相关的业务，面向学生、公司提供研修。高一时以支持母校湘南国际学校发展为目的，开始收购、经营。2016 年创办株式会社 Time Leap（原 Hand-C），就任首席执行官。同年入选 DIAMOND 哈佛商业评论选出的创造未来的 U-40 经营者 20 人名单。现在管理面向中小学生创业家的教育程序 Time Leap Academy 等、致力于培养"开拓自己人生的能力"的学生。

小学时代认为只提供答案的教育不自然

彼得　作为“初二创业、高一收购小学母校的庆应义塾大学学生”，最近经常能在媒体上看到您的身影。但是我想说的是，最优秀的不是年纪轻轻十几岁就勇于创业的明星气质，而是明确自己想做的事情，为此把周围的大人拉进来，用创业的形式成功实现自我的这种毅力。我个人作为天使投资人持续支持您，就是出于这个理由。

仁礼　我最早对教育产生兴趣的时候就是小学时期。幼儿园我上的是国际学校，教育方针就是老师和学生通过问答交流，“思考”是家常便饭。但是，进入当地的小学之后，“教材上写的就是答案”“老师的话就是答案”，当我被告知答案之后，感觉这种反差很不自然。这就是我开始思考“教育是什么”“学校是什么”的契机。后来，我不愿意再去小学上学，就开始跟幼儿园园长商量“能不能为我办所小学”。很难得的是，后来给我们开办了一年级，我开始去那里上学。当时是只有第一批6个学生的学校。“怎样才能学习”“怎么和大家一起成长”“到底为什么要上学”，我们思考着这些问题一起办学校。

上初中的时候，我想更多地了解日本的教育，特意去了普通初中，在那里感受到的不协调和缺憾成为我的收获，我在初二的时候实现了第一次创业。当时的考虑是自己一边经营公司、进行社会实践，一边通过自己的事业就新教育应有的状态向社会提出建议。

之后一直在思考社会缺乏的教育是什么，采用怎样的学习方式才会让中小学生以最好的状态发挥积极性，通过学习、实验，不断关注教育机制，主动参与其中。教育长时间作用于一个人的青年时代，不管好坏，对于青年如何利用有限的人生会产生重大的影响。我想既然会带来影响，那索性创造一个能带来积极影响的教育机制，我一直在为之奋斗。

彼得 那您自己的原则是？如何判断有悖于原则的事物呢？

仁礼 我现在管理着两家公司，共通的原则就是对人类的生存过程要有贡献，怀着自己能由衷地产生共鸣的，而且对未来的自己有所帮助的学习的这种想法来工作。Time Leap 公司面向中小学生为主的年轻一代，提供培养他们自己生存能力的教育内容，而 ERRORs 公司在尝试关于如何设计生存时间等教育以外的方法。

在这之前，当我看见朋友们创业后，有的通过追求规模获得了事业的成功，有的业绩大涨做出了不俗的成绩，确实也感到过焦虑。当时甚至考虑过“教育很难做出成果，也很难打动人心，干脆改成以前从来没有考虑过的新事业”，并且开始摸索新的思路。但是静下心来，我发现遇到了一个问题：“这些从本质上来讲，真的有利于人类吗？”

这个想法看上去很有意思，似乎也会有人为此感到开心。

但是一旦将这个想法拔高到对人生有多大作用时，就觉得还有欠缺，也完全想象不到今后继续努力的情景。简单说来，我当时跟您谈及这个新事业方案的时候，我自己都没有把握一定能得到您的赞同。因为它不是发自内心想要去做的事情。那不是自己应该做的事情。我是这样认为的。

彼得 随着您自己的成长，基于原则的价值观和信念发生变化了吗？

仁礼 新冠肺炎在全世界的蔓延，让所有人都意识到"要直接面对死亡"。我有种印象，特别是年轻人因此被植入了"人生是有限的""不知道什么时候会离开这个世界"这种价值观。尤其是直接面对过死亡的人，更容易形成这样的价值观。

我一直很重视的一种价值观就是**"时间是有限的"**。我个人也在童年时代，近距离地感受过死亡的威胁。理解了时间的有限性、有建设性地接受它，意识就会转向如何利用有限的时间。我自己也是，个人的成长和外部因素联合作用。最近这种意识更强了。我深刻地感受到整个环境都有这种趋势。

没有人会问“讨厌数学”的孩子“为什么”

彼得 现代社会的孩子们，为了成为飞行员、税务师而考取资格证，为了进入好公司在以上大学为目标的体制中努力奋斗。这种教育的现状，和您心目中理想教育的差距在哪里？

仁礼 现在的教育内容里包括了很多设计好了目标，或者最低评价是同一个标准的东西。是一种考试得分就被表扬，其余情况不被肯定的极端机制。当然我并不是提倡废除现有的评价机制。有些人擅长考试，那样也挺好。但是，怎么发现个体的才能、个性，如何去提升，这些内容非常之少。这才是问题所在。现行的体系更像是逐渐抹杀个性的机制。

就像您经常提到的，我个人也认为**“认识自我”是教育的根本**，希望学校是一个为了了解自己而存在的场所。本来就应该首先知晓自己，然后思考“要学什么”“怎样学”“怎样生活下去”，再安排课程表考虑未来的去向。

然而，现状却是在完全不了解自己的状态下，上着数学、语文、历史等课程。没有人会去询问“讨厌数学”的孩子“你为什么不喜欢呢”。仅仅是因为不喜欢数学老师吗？还是跟数学这种只有一个正确答案的思考回路本身不对路？又或者是因为不知道学数学对人生有什么帮助，在看清目的之前提不起精神？理由应该是多种多样的。但是只停留在“哦，你不喜欢数学啊”并就此打住的话，那个孩子也不能真正地了解自己。原本学校就应该对每一个学生提供支持，一起来思考“那是为什么呢”“应该怎么办”“你会怎么做”。我认为那才是理想的教育。

彼得 外包给学校的教育，在病毒蔓延控制外出期间，变成了必须居家学习的状态。有的孩子能够自觉利用好个人的时间，另一方面，大多数孩子做不到。您怎么看待提高最低水平的问题呢？

仁礼 在早期阶段能够自觉的孩子，虽然少，但确实有。那些孩子在过去的教育中反而是被轻视的，虽然他们对未来有明确的目标，但是没法在学校配合其他孩子的水平进行交流，有的人甚至会受到校园霸凌。还有的孩子不能说出自己的想法，为此感到焦虑。社会上存在着发挥各种作用的人和组织。Time Leap 的作用与其说是提高，不如说首先是要把受到现有简单机制压迫的孩子拯救出来。如果他们能够大显身手，就会出现“我也一样”能充分发挥个人才能和个性的孩子。如此一来，以前一成不变的东西就要被迫发生改变。现在的教育虽然单一，但是今后的选项会更加丰富，我相信包括提高最低水平在内，今后能够向每一个孩子提供个体最优化的教育价值，我要继续努力。

＞任何时候都不会晚

原来那种为了从事某种工作取得资格证明的学习方法，恐怕很难创造新的价值。例如，只学习工程技术或者只学习医学，都不能从事两者中间的远程医疗法开发工作。从事过工程师的工作之后再重新学习医疗，或者医务工作者在工作几年之后再学习工程技术，远程医疗领域的创新只有经历了这样的过程才能实现。在自己的专业基础上再学习一些新东西，就会出现更大的可能性。

不妨想象一下，如果知道自己还剩下多少人生，你会怎样做呢？这种情况下，你就不会在有限的时间里碌碌无为，而是全神贯注于自己想要实现的事情，如饥似渴地学习必要的东西吧。假设日本人的平均寿命是 85 岁，换算成秒就是 26 亿 8000 万秒。侧耳倾听时钟嘀嗒嘀嗒的声音，对时间的利用方法也会随之改变吧。我想传达的想法就是**任何时候开始都不晚**，抛弃考上好大学、进入好公司、出人头地这样的轨道和以他人决定的终点为目标的生活方式，**从自己决定的终点倒推回来，反复学习必要的东西。**人生就是不断学习的过程，我希望你们能这样想，不断打开通往新世界的大门。

＞抛弃知识和学习一样重要

再多说一句，这个时代必需的不仅是“学习”。

互联网时代，商务环境的变化速度越来越快。别说 10 年后了，能够准确预测出 5 年后是什么样的人恐怕都没有。而且，环境越来越复杂。网络上的海量信息，任何人都能获取。也就是说在这个时代，个人能够轻松闯进曾经是大企业一枝独秀的世界。

时代变了，“学习”自然也会变化。就在前不久，从“在校学习的时期”变成了“发挥所学知识工作的时期”，人生会一步一步进入新阶段。但是，进入谁都无法预测的剧变时代，这种人生的阶段也失去了意义。无论是继续工作下去还是生存下去，一生不断学习已经成为必不可少的要求。因为这个时代，在学校学会的很多东西会渐渐变成“旧知识”。经验丰富的上司、师父、前辈说的话绝对“正确”，这样的时代已经成为过去。不仅很多时候过去的经验派不上用场，依赖经验本身也已成为前进路上的绊脚石。就连一年前的做法都难免落伍。和学习（Learn）一样，**有意识地抛弃学过的东西（Unlearn）也很关键。**当你发现自己的做法和思维方式已经过时了，那就抛弃它，用新的方法和思维方式继续前进。时代需要的是这种灵活性和能够马上学以致用的所谓**学习敏锐度（Learning Agility）**的素质。

每次都要自己看清必须要学习的东西，意识到需要反复学习。幸运的是，现在这种环境越来越有利于反复学习。新冠肺炎危机之后，世界上增加了很多拥有在线学习机会的人。内容也越来越充实，足不出户就可以利用全世界的优秀学习程序，并且可以和别人一起上课。今后，没有校园的大学会越来越多。希望你们自己的学习范式也能发生大的变化。

15

连续创业、投资家

丹尼尔·戈德曼先生

世界性的投资家：
通过游戏改变范式

丹尼尔·戈德曼先生是全球大热的游戏 SimCity 的研发人员。2018 年，和孙泰藏先生一起创办了以东京涩谷为据点的 EDGEof，成立了行星洞察中心（Planetary Insights Center）项目，致力于利用模拟游戏预测、解决社会课题的工作。我和他在目标、使命方面有很多共通之处。他是如何看待当今世界和日本的呢？

采访

丹尼尔·戈德曼

连续创业者、投资家。7 岁开始开发游戏和应用软件。在加州大学伯克利分校获计算机科学学士学位，在哥伦比亚大学研究生院修完认知神经科学。是全球大热的模拟游戏 SimCity 的研发人员之一。作为硅谷的影响力投资者，他亲自创办了几家初创公司，同时也是连续创业者。与全世界的投资家、创业家保持联系，是初创经济的专家。致力于利用模拟游戏预测、解决社会课题的 EDGEof 联合创始人。对支持初创公司的相关项目，与各国政府、投资者、共同体之间的合作也有积极贡献。

解决全球性问题要注意世界的复杂性

彼得　首先我们从宏观的角度出发，您觉得今后世界政治会怎样发展？我是欧盟的市民，欧洲的政治日渐国家主义化，人们开始为欧盟的未来感到担忧。

戈德曼　我关注的是人类共通的梦想到底是什么，而且我们应该怎样实现它。一看美国就会发现，容易引起争论的问题与左派右派无关，85% 的人意见都能统一。那是因为政治家和媒体出于“会有市场”或者“比较简单”的理由，故意制造了争论，并不存在世界各国共通的理想政治体系。无论是专制制度还是民主主义，处于权力顶点的人们，如果希望维系权力，就会引导人们做出良好的举动，但他们对于给民众指明方向并不关心。一旦权力到手，他们就绝对不会松手。美国在二战时期有一些需要根据战时制定的法律，但是战争过去几十年了依旧没有改变。有的国家，只要政治体制没有改变，就会考虑更多地限制个人隐私，如果粮食问题和经济问题紧迫，则状况会更加糟糕。

彼得　致力于解决世界性的问题，就必须要意识到世界是由一个一个的人聚集起来构成的。人们言行的动机是很复杂的，麻烦的问题不可能依靠一个办法解决。现在您最关心的是什么？

戈德曼　现在，我主要在做“行星洞察中心”（Planetary Insight Center）这个计划，该计划是使用模拟游戏的理论，准确把握遥远地区的课题，通过反复摸索找出解决方案。

要准确掌握那些远离日本区域的课题，并不容易。使用影像进行模拟，可以让复杂的问题更容易理解，便于找到解决方案。

例如，在埃塞俄比亚，我们和笹川非洲基金会合作，正在利用这些工具开展提高农业生产效率的项目。必须让当地人自己解决问题。我不太熟悉当地的情况，充分利用模拟技术和电脑知识弥补不足，通过创造每个人都能使用的模拟系统来解决当地的问题。

在教育一线，整齐划一的模式不会发挥作用

戈德曼　我对教育非常关注。我有两个孩子，分别是 7 岁、11 岁，现在在东京上学。学校非常好，老师也很优秀，但是，受疫情蔓延的影响，不得不进行远程学习。这样一来，可以清楚地看到课程和班级的状况，会发现它和本来应该有的状态存在很大的差距。

原因之一就是对学校的束缚。即使是在美国，按照加利福尼亚州教育规定的远程学习程序，硬性条件是要求孩子们一天必须在电脑前待 6 个小时，无论孩子们学得多快。再也没有比这个更没有意义的事情了吧？整齐划一的模式不会发挥作用。在初期，学校的制度还不够完善，孩子们可以自由出入。某种意义上来说这是非常棒的状态，允许个体按照自己的速度来灵活处理。但是，随着时间的推移，按照新的规则有组织地开展，孩子们，至少我的孩子们，快乐不起来了。看到这样的情景，我现在不惜花费精力来开发便于教师拓展学生可能性的教育方案。

以前，我参加过白宫组织的活动。当时奥巴马政府的最高技术负责人说过，企业要在全球化的舞台上竞争，需要大量科学家和工程师。我听完之后就意识到高等教育是提供必要数量

人才的“人才培养机构”。

从行星洞察公司的角度来观察各种利害关系者，理解他们，思考应该如何切实提供服务。对于所有的人来说，什么是解决方案？如果太过复杂，也许实权人物会说“不用了”。所以，掌握权力的人只关心能维持权力——令人安心的东西。我不知道自己是老好人还是乐观主义者，我觉得掌权者不会不让别人快乐，不会刻意饿其体肤劳其筋骨，只是不想出现所有人都去成为艺术家或者谁都不愿意成为艺术家这种极端的行为，不想让整个社会崩溃而已。

彼得 我认为自己的使命是“创造任何人都能实现自我的世界”，所以对于您的想法非常有共鸣。您认为现在的状况会加快我们达成目标的步伐吗？

戈德曼 新冠肺炎危机赋予了我们挑战的时间。很多朋友都说，不再会被毫无意义的会议占用时间，可以自由支配的时间增加了。的确，如果以前我们自己不加以限制，一年到头都忙个不停，没有思考、冥想、变革的时间——那种“白纸一张”的状态。新冠肺炎危机让我们拥有了这样的时间，意味着现在就是改变的时机，让我们意识到不是所有事物都会得到保障。

只是，社会在发生分化。在美国，除了最低数量的从业人员，有的大公司同意不愿意回到办公室的人和新冠肺炎高风险人群选择居家办公。以前工作时间是早上 9 点到下午 5 点，下班回家的人们如果在家工作，会导致工作时间延长，所以这种方式不太受欢迎。但是以前工作太玩命的人们在居家办公之后，可自由支配的时间增多了。另一方面，也有不能在家用亚马逊购物的人，还有因为新冠肺炎危机没钱购买食物的人。无论怎样，人们可以更灵活地选择适合自己的方式，这也是事实。

有些国家还在讨论最低收入的问题，衷心希望这能成为美好未来的转折点。

彼得 您怎么看待日本呢?

戈德曼 其实今天早上我还给 7 岁的孩子看了一段 3 分钟的视频，关于马斯洛的金字塔理论（参考前文）。该理论的内容就是有精神追求的人不关注物质，注重物质的人不关注精神。这个金字塔涵盖的内容就是人要想幸福、健康，必须要注意平衡。

例如美国这样的国家，没有关心民众的机制，他们认为只要追求整体的幸福，即使有人饿死也是没有办法的。有的国家是虽然不允许追求幸福，但是也不会出现有人饿死的状况。

人权包括各种范畴，有言论自由、自我表现、健康管理和粮食权，一般来说不可兼得。我为日本注重隐私的制度而感动，和美国不一样，日本人的表现很优秀，因此在应对新冠肺炎的时候没有必要修订法律去增强权力。

日本商务的速度和方法，跟美国的做法大不相同，随处可以感受到讲究细节的做法，深思熟虑，对其他国家的尊重等。这种日本文化优秀的一面，现在呈现出来了。我认为日本应该保持这种独特性。

我们从历史里学到了什么

公元 535 年，这一年在人类漫长的历史进程中，发生了最残酷的气候变化。从欧洲大陆到中东、亚洲，天空被独特的深蓝色彩霞覆盖，四周笼罩着黑云。据当时东罗马帝国的历史学家记载，连续 18 个月以上的黑云导致了类似日食的微弱照度，夏季出现了冰霜和大雪，农作物颗粒无收。

罗马帝国遭遇了长期的冰冷黑暗和大面积的饥荒，人们面临的还有致命的传染病——鼠疫。

鼠疫瞬间蔓延到了当时欧洲最繁荣的城市——罗马帝国都城君士坦丁堡，每天有 5000—10 000 人失去生命，高塔和壕沟都不够掩埋尸体，遗骸被装进死亡之船，投入大海。瘟疫迅速扩散，卷走了罗马帝国 1/3 的人口。其余的人四处逃窜，疾病被传播到农村，散布到整个欧洲。日照不足造成收成不好，农民难以生存，农田也完全不能提供欧洲各国需要的粮食。几年之后，衰弱的罗马帝国受到了来路不明的攻击性游牧族的侵略。这些因素叠加起来，直接导致了罗马帝国的崩塌。罗马人喃喃自语，认为这一连串的灾难是天神发怒带来黑暗，恶魔滋生带来疫病。

究竟发生了什么？原因令人大吃一惊。

通过冰川的冰原心样本分析和树木年轮、湖泊河川的研究等，找到了气候变化的真正原因。从阿尔卑斯冰川、冰岛、格陵兰的冰川中发现，公元 536 年春天出现的极端冷夏是由火山喷发造成的。火山喷发向大气中排放硫黄颗粒，使气温低下，得不到足以令海水蒸发的能量，降水量减少，在世界各地引起了大规模的干旱。树木的年轮记录了由于火山喷发给气候带来的影响，甚至在湖泊和河岸的堆积物中发现了潮湿程度和干旱的痕迹。尤卡坦半岛的湖沼堆积物显示出 6 世纪中叶开始长达 30 年的干旱，哥伦比亚的河川显示这是过去 3000 年来最干燥的时期。火山喷发在世界各地引起的异常变化，不限于对气候和农作物的影响，还极大地改变了人类的文明，像多米诺骨牌一样给其他文化带来了连锁反应。

但是话说回来，为什么鼠疫会在罗马帝国蔓延呢？这里还存在自然科学无法解释的原因，即经济方面，当时的经济结构是重点。

中非的五大湖区，是世界上最古老的鼠疫活动中心区域之一。经由始于非洲的商路，黑鼠和船员轻松地把鼠疫带到了海岸地区。通过埃及的佩鲁西姆港，到达罗马帝国的中心地带。之后推波助澜的是大量的象牙交易。欧洲的富裕阶层争先恐后地抢购象牙制品，每年有数百吨的象牙携带鼠疫一起进入罗马帝国。

同一时期，中国北部的蒙古境内居住着骁勇善战的骑兵部落阿瓦尔人。但是，从公元 535 年开始，整整一年，蒙古草原遭遇了严寒和干旱，后来被突厥人袭击。跟马背上的民族阿瓦尔人相比，突厥人的经济支撑点是牛，在干旱期间马不能食用的劣质植物牛也能吃，所以维持了稳定的经济基础。在这种环境下，阿瓦尔经济日渐衰弱，受到了突厥民族的攻击。幸存的阿瓦尔商队一路向西，经过哈萨克斯坦、里海，到达巴尔干半岛。结束了长途跋涉，阿瓦尔人重新变回强劲的骑兵部落，对已经被疫病折磨得奄奄一息的罗马帝国发起了进攻，给帝国崩塌的剧本描上了浓重的一笔。

6 世纪初实力傲人的也门也有一个重要的变化。凭借西部城市马力卜建造的巨大水坝，也门作为肥沃的农耕地区繁荣起来。但是，火山喷发引起的干旱和泥石流相继发生，冲坏了大坝，给也门带来了毁灭性的打击。结果在麦加周围出现了新的国家，“将永远改变世界的少年”诞生了，他就是预言家穆罕默德。干旱和饥荒让人们陷入了末世论，这时诞生了伊斯兰教，帮助他们在这个地区建立了繁荣的新文化。

要解开一系列的气候变化和疾病、民族迁移和文明的秘密，必须要接近那些仅靠从文献获取单一信息无法解答的复杂史实。时代需要的是**超越学术性的研究，通过本质性的问题探求“那里发生了什么”**，这是麻省理工实验室提倡的“反学科（anti-disciplinary approach）”，这种研究方法是为了避免通过社会学、历史学等人文科学及数学、化学等自然科学的专业知识、前提条件、方程式的角度来看问题，这样容易陷入特定学问导致的偏见中。

德国哲学家黑格尔说过：“我们从历史里得到的唯一教训那就是我们从不记取历史教训”，这意味着过去的错误和痛苦的经历还会反复出现，同时还可以得知：人类的生活，总是当局者迷，旁观者清。要想理解复杂的状况，不仅需要付出极大的努力，还需要改变对事物的看法。也就是说，人类会受到那个时代的产物——偏见的支配。6世纪罗马帝国的人们就生活在他们的范式里，他们认为被火山灰笼罩的天空是天神的怒火，疾病和饥荒是恶魔的诅咒。他们既没能洞见帝国内外的知识和工具，也不具备自然科学的知识。那留下这些记录的是东罗马帝国的哪位历史学家呢？考虑到当时能够读书的只有一少部分统治阶级中类似圣职人员的情况，就不难看出他只是认真地接受了符合自己范式的那一部分理论。“知识就是力量”，现在也没有改变。

通过运用反学科进行研究，我们能在漫长的历史中，更加接近事物的本质。当我们自身无法抵挡的巨大变化来临的时候，是等待别人来回答这个不可理解的未知范式提出的问题，还是完全忽视这些问题，抑或去寻求答案，我想应该可以做出选择。

第 4 章的思考

过去的人生中

最有价值的学习是什么？

这对你描绘的范式有什么影响？

第5章

5

「生活方式」「关联方式」会变化

> 为了不重蹈玛雅文明的覆辙

在这里，一起来看看范式改变到底与我们生活的城市和文明的形成有什么关系。

根据美国考古学家贝蒂·梅格斯的理论，保证社会强健稳定的力量源泉是诸如需要水、粮食、燃料等的机器和生物。通过能源，社会日益进化成复杂的组织形式，越复杂越能聚集更多的能量。但是，一旦能量供给被中断，社会机制就会退回到现有能量能支撑的水平。

第 4 章提及的在公元 535 年，由于气候变化导致的干旱和饥荒，给南美的古代玛雅文明也带来了严重的影响。

通过调查发现，有证据证明当时在金塔纳罗奥州的奇昌卡纳布湖、委内瑞拉附近的卡里亚科盆地、尤卡坦半岛发生了严重的干旱。据说原因都是太阳活动减少导致光照度减少，放射性能源极度衰弱。也就是说，社会和文明能够通过能源和热力学来描述。

玛雅人虽然建成了能够有效应对气候变化的城市，但是对于干旱明显准备不足。

在这种情况下，最大的问题在于当时无法得到粮食，主食是玉米。当城市逐渐发展，社会的阶级情况日益复杂的时候，农民的负担越来越重。现在美国从事农业的人口不到2%，一个农民大概生产150人所需的粮食。与之相反，据推算，玛雅社会中一个农民生产的粮食不够5个人食用。农民为了增加玉米的产量，认为有必要继续砍伐森林。这样一来，为了生产更多的玉米，就不能让农田休养，但还需要让土壤保持肥沃。砍伐森林引起土壤退化，直接导致了干燥。受到旱灾袭击的时候，玛雅人不能为农田浇水，也无法提供充足的粮食维持城市运转。于是，引起了社会性的纷争，动荡的社会使文化变得苍白，不堪一击。

现代文明构建了规模远远超过玛雅时代、高度复杂化的城市，我们应该从这里学习什么？为了避免重蹈覆辙，应该怎样进化下去？范式改变带给都市文明的思考到底是什么？

＞从向大城市集中到回归地方

东日本大地震和新冠肺炎传染扩大这些大型危机，成为重新审视我们的生活、家人、生产、消费等经济问题的机会。

在新冠肺炎疫情传染扩大期间，我久违地感受到了自己做饭的乐趣。自己挑选食材做给自己吃，既健康又经济。这也让我重新思考，在外面吃饭、喝酒花费的时间真的有价值吗？

减少外出期间的远程办公体验，开始让不少人对在大城市生活、工作产生了疑问。当新闻报道世界各大城市爆发传染时，开始出现了一些自愿选择在地方工作的人。了解到他们的意识转变，地方政府开始认真对待并实施本地就业、U-turn(意为掉头，从大城市返回家乡就业、居住)、I-turn（指前往家乡以外的地方城市就业、居住)等促进地方就业的政策。以前在首都圈，形成了以市内的办公区和郊区通勤人员居住的居民区为主的巨大的经济结构，而现在开始逐渐瓦解。

其实，日本的地方城市也越来越有活力。我经营的 Pronoia 集团，在 2020 年春天新冠肺炎传染逐渐严重的时候，以“远程办公”为主题，开始每周举办在线活动。之后，变成“未来 47 景”这种共同体平台的形式,每次重点关注一个都道府县的动向。每次举办活动，都会被那个区域的气势折服。那个区域对初创公司的支援制度也以行政为中心不断调整。将来，如果远程办公和副业等活动继续发展，则“在大城市的公司工作一辈子”这种曾经很有代表性的生活方式将会实实在在地崩塌。我尤其期待想在地方不断挑战自己的能力、寻求可能性的年轻人。

日本在经济高度增长期，出现过从地方去大城市集体就业的大规模行动。70 年后的今天，虽然很缓慢，但将会出现反向的人口移动。毫无疑问，今后必将出现一种回归地方的浪潮，不是追求巨额财富，而是追求精神的富足。

作为一个人在大自然中充实身心

关于不断回流地方，我认为还有一个原因，就是日本的地方城市自然环境非常优美。是选择在大城市的钢筋水泥中生活，还是在优美的自然环境中欣赏着郁郁葱葱的树木和碧蓝的大海生活，哪一个更有利于身心健康呢？我会选择置身于大自然，亲自感受自己作为地球生命的一部分，这种生活对于人来说是非常原生态的。

当然，因人而异。生活在大都市未必就不健康，生活在乡村未必就一定健康。只是，至少在过去坚守“要工作就去大城市”这一前提、放弃了亲近自然机会的人们，通过新冠肺炎危机，发现了不挑居住地的工作方式存在的可能性。这也是事实，一边享受身边的自然环境一边工作这种生活方式，通过技术的发展可能很快就得以实现了。

工作方式、消费行为、与家人的相处方式、教育价值观的改变，渐渐从被戏称为“经济动物”的日本人形象中剥离出来，在追求精神的富足和幸福的过程中，是无法避免的。

16

株式会社 Snow Peak 首席执行官

村濑亮先生

在大自然中工作、生活的企业经营者

一边感受身边的大自然，一边和别人产生关联，村濑亮先生提出了划时代的方案，将露营和商务相结合。露营办公室的理念兼顾人类本真的工作方式和生产率的提高，正是当今时代所需要的东西。新的范式会给人与自然的关系带来怎样的变化？从村濑先生的讲述中可以看到人类是否理解向自然寻求的东西，是从集中在城市向回归地方流动的关键。

采访

村濑亮

株式会社 Snow Peak 首席执行官。从爱知大学毕业后，先后在证券公司和株式会社基恩士（KEYENCE）工作。1999 年，发现缺少真正被一线需要的系统公司，于是创办 IT 公司。看到公司成长的必要条件中，相关人员之间的关联性胜过 IT 技术本身，于是在 2016 年创办综合户外产品公司 Snow Peak，共同出资创办 Snow Peak，出任首席执行官。将自然的宏伟力量和技术的无限可能完美融合，持续为解决企业人才问题提供服务。2019 年，担任 Snow Peak 的董事。

“最优先发展经济”“新冠＝敌人”都是偏见

彼得 您认为在反复进行的范式变化中，人是怎样变化、如何适应的呢？

村濑 我认为对于人类来说，作为一个生命体，本质的东西从来就没有改变过。只是这几百年来偶然经历了工业革命和信息革命，原本值得珍惜的东西看不到了，误以为别的价值观是原本的价值观，仅此而已。人类的价值观是通过所有五感得到的信息形成的。也就是说，通过五感获得了大量的错误信息之后，由人组成的社会可能会变得思想、思维整齐划一，但是人作为原点没有发生任何改变。

但是，假定现在生物体正处于进化过程中，我认为想要将一切复原也不是不能理解。意识到**每个时代的精华，时代进化之后的优势及每个时代的糟粕，一边保持平衡一边前进**是非常优秀的。

彼得 这也是能发现各种范式的机会，您自身注意到什么偏差了吗？

村濑 如果注意到“这个是偏差”，或者说原本就能认识到“存在偏差”，就不会被偏差影响。不过仔细一想，“有钱就是幸福”“把经济放在第一位”也都是偏见吧，“新冠＝敌人”

也是一种偏见。从地球这个生命体的角度，也许可以将人类理解为癌细胞。所以当地球发烧的时候，不如说新冠肺炎像疫苗一样，发挥着净化作用。我也无意宣扬“新冠 = 伙伴”，但是如果转化视角，会有完全不同的发现。

包括我在内，人每天的生活都建立在市场经济的基础之上，如果脱离这个前提，就好像是突然在说一些精神层面的话。这种时候就会开始去除偏见，思考“现在能做什么”，行动会发生变化。每一个人的微小行动聚集起来就是非常可观的能量，最后大家一起到达正确的地方。

煤炭和石油给人类的生活带来了很大的便利。大家都会被有用的东西吸引到，不过只有善于利用它的人才比较幸运。这并不是让你感受到困难而就此放弃，你必须意识到自己也是当事人。例如，选举投票也是一样。一个人不去投票也许不会影响选举结果，但是如果所有人都这样认为，结果将大不相同。所以每一个人的细小举动是很重要的。我个人对于怎样将这些活动运用于商务，是非常期待的。

通过转变为与自然共生的生活方式实现人性的回归

彼得 您的这种价值观和判断标准，是什么时候形成的呢？

村濑 2010年，45岁的时候。创办系统公司之后大约10年，主要是为制造业提供合理化支持。但是一考虑到制造业存在的原因，量产对社会的意义，就会对只为合理性提供价值产生怀疑，公司在10年、20年后也许会发生变化。看上去好像是在做好事，其实也许像Cyber dyne公司那样在制造终端连接器。这样一想，反而失去了方向。所以我选择不上班，休息了三个月，从宇宙到DNA，把自己感兴趣的东西彻底查了个清楚。到后来觉得自己只能去当宗教家了，因为世界上充满了不可思议的事情。但是，我充满了信心，我觉得自己什么都知道，像人类诞生这件事本身，还有自己力所不能及的事情等，我不再对抗这种伟大的存在，我想把它当作改变行动的智慧。所以，虽然我在资本主义体系中经营公司，但是我在思考在遵守规则的前提下，从商业世界来改造整个世界。对于人来说，自然环境绝对重要，但也无法阻挡技术的进步。如果能把自然和技术融合在一起，我坚信一定会给人类带来积极的影响。在这种情况下，我现在担任社长的Snow Peak应运而生。

现在，公司的事业主要方向是我们提倡的实现人性回归，提议在户外研修、露营办公室等。我以前曾经在高知县一边露营一边工作过，完全没有问题，大家也不妨试一试。虽然不会被别人明令禁止，但是日本人总有种特别的想法，觉得“这样恐怕不行”，以至于很难实现。所以，首先要从屋顶、阳台、公园开始，慢慢带到郊外。

彼得　现在在资本主义之下，大家都聚集到了大城市里。但是大家都注意到了火灾、地震、病毒蔓延等非正常状态下，大城市所面临的风险。工作方式、生活方式和对待家人应有的状态应该都会出现改变。

村濑　我住在爱知县冈崎市，出门30分钟就是山。这样的“中心城市”在全国共有50处左右，起到了很好的缓冲作用。哪怕是向这些地方开始分散就很有意义。我有强烈的预感，以后的生活方式、工作方式是居住在大自然当中、与自然共生。不过，无论是住在农村还是居家办公，如果仅依靠原有的价值观如“因为很方便”和合理性来判断的话，是不会感到幸福的。

我跟家人，还有公司员工的关系都不错。所以即使居家办公，每天也无比开心。和家人共处的时间，和员工交流的时间，都是无法用“效果”和“价值”这种词汇来描绘的宝贵财富，所以每一个瞬间都难能可贵，无比幸福。他们是幸福的原点，让我再次意识到人与人之间的关系是鲜活的，不能忘记的。

另一方面，由于居家办公的时间增加，出现了家庭不和睦和离婚率增多等问题，这让人感到悲伤。能够一起生活在模拟的世界中，一起在线工作，都因为从根源来看，存在着稳定的关联性，等到发生什么之后再来创建关系就晚了。对于这种关系不去留意，不采取行动，反而会变成危险的事情。所以既有人幸福地在地方城市生活，也有变得不幸的人。不仅是合理性，更重要的是去认真思考“人应该是什么样的”“共同体到底是什么”“关联性是什么”这些根本性的问题。

采访

> 跨越“学习”“玩耍”“工作”界限的新型共同体

在重新观察工作方式、学习和消费方式的过程中，我注意到了一个很大的变化。那就是**从功能性（functional）思考向多样性（diversity）思考的转变。**也就是说，过去是在学校受教育，在热闹的街市和娱乐场所玩耍，在办公室工作，各个场所分工明确。现在这些场所开始出现融合。像这样将学习、生活、工作等所有事情都融合在一起，就会形成未来的新型共同体的概念。

原本在“学习”“玩耍”“工作”之间需要界限吗？我曾经在谷歌工作过，为了提高生产效率，他们花了很多心思。公司内部布置成充满玩心的空间。我还记得有位日本公司的人事部部长来参观谷歌办公室，看到这样的办公环境深受震撼。但是，这些都是为了打造能提高生产效率的环境。办公室看上去充满玩心，只要具备员工实践这种企业文化，并且员工欣然接受这种风气，就有助于拉近员工之间的距离，而且在能够形成这种风气的团队中，团队成员的生产能力都会提高。在那种剑拔弩张的环境中，有没有说多余的话，是不是在偷懒，整天被上司这样监视着工作，未必会提升工作效率。从事创造性工作的人或公司就更应该如此。我管理的Pronoia集团的基本理念之一就是**“像玩一样工作”**（play work），该公司主要业务之一的企业研修中有一个重要的理念，也是以它作为前提的。（详情请见拙作《像玩一样工作》）。当然，我并不是提倡一边漫不经心地玩一边工作。

“玩耍”意味着“做出玩的感觉”。接收各种信息，与平时不交流的人对话，参观平时不怎么去的团体，跨越日常的领域去解放思想，探究新事物。有意识地呼吸新鲜空气，能够客观看待自身所处的位置，会有更多的机会发现自己，同时还能放松身心。这个时代需要个人具有这样经常在宏观和微观之间切换、聚焦自身状况进行调整的能力。对公司来说，必须要胸襟大度，允许员工拥有自己的“玩耍”领域，让个人进行裁夺、加深思考、扩大行动。

也许有人会担心“那样一来，员工会像断线的风筝不知所踪吧”“如果那样做不出成绩，应该怎样承担责任”。为此，有必要构筑这样一种文化，作为和玩耍相反的因素，强调实验规则和权威的领导，进行非常坦率的反馈。要让**建设性的同辈压力**(peer pressure)发挥作用，必须要提高平时沟通的密度。只有这样才能在工作与玩耍之间切换，从中有所收获并将其还原成价值的循环。

最近出现了很多超越公司界限的团体。超过个人所属行业、业务范围的人们聚集在一起讨论公益话题的机会越来越多。人们觉得过去的共同体多数是年轻人的聚集地，中老年人虽然在大公司工作，却无处可去，充满了闭塞感。但是新冠肺炎发生之后，这种情况正在不断改变。大公司的董事们也开始积极参加公司以外的共同体活动。在推进远程办公的过程中，人们越来越关注私人时间如何度过，这也起到了关键作用。不受公司工作的束缚，集中在自己充满好奇心、感兴趣的领域，并轻松参与其中，这样的趋势会越来越明显。

17

株式会社 Takagi Building
总裁兼首席执行官

高木秀邦先生

老牌不动产经营者的
百年愿景

不需要“学习”“玩耍”“工作”的界限，有人在践行这种新时代的思维方式，他就是高木秀邦先生。高木先生从音乐人华丽转身，投身不动产行业，在东日本大地震之后，重新审视受到固有观念束缚的不动产行业，并不断产生新的创意，推出划时代的项目。

采访

高木秀邦

出生于 1976 年。从早稻田大学商学部毕业后，成为专业的音乐人。之后，在信托银行类大型房地产中介公司从事营业工作，入职祖父于 1961 年创办的株式会社 Takagi Building。作为第三代社长，着手以东京为中心进行从本公司楼宇、公寓的设计开发到管理运营的所有工作，提出“创造办公楼的新价值”活动。不断开展具有新价值观的房地产业活动。例如，将押金改成保证合约，通过把现金返还给成长型企业，实现在本公司办公楼里陪伴企业经历从成长到发达的全过程这一经营理念的“出世 building”；促进个人、初创公司推广陪伴挑战的工作区域 BIRTH；实现工作、居住两个层次的住宅 BIRTH IN RESIDEIVCE。

今后关于“场所”的讨论会加速进行

高木　新冠肺炎流行期间，我们的租户到办公室上班的不多，很多场地是闲置的。今后，会为了什么目的设置办公室，效果如何，真的需要那么宽敞的办公室吗？恐怕应该好好讨论一下。不过，我个人认为，与其说因为这次的危机开始出现，不如说曾经预测会在几年之后慢慢发生的事情因为新冠肺炎提前了。

我们公司在 60 年的历史中发生巨大改变的转折点，就是东日本大地震。为了填补前所未有的闲置空间，一些大型不动产公司不惜通过减少租金甚至免房租的方式挖走租户。我们没有办法挽留租户，事业面临着危机。当时我们被迫直面一系列问题：我们独有的事业是什么？办公室的意义何在？今后应该怎样经营物业？最后我们决定放弃“建造房屋、吸引租户”这种固有的依赖硬件的做法，改为像陪跑者一样陪伴租户朝着同一个方向一起成长。在这里我们想到的是“出世（意为出人头地）building”这种框架和自由工作空间 BIRTH。现在，通过它们来支持那些创业、开始项目的公司。我强烈地感受到，在新冠肺炎危机中，不动产行业不再是一次性买卖，而是被赋予了陪伴租户发展的使命。

彼得　在整个社会中，硬件可能出现萎缩的情况下，软件才是关键啊。您这种不受固有观念影响的想法是怎样产生的呢?

高木　人在欢欣雀跃的时候最能发挥能力。我刚大学毕业的时候当了一段时间的音乐人，结果受到挫折，后来先去别的房地产公司学习之后进入自家产业。突然变成房东参与管理的时候,完全没有展现自己能力的场合。当时只要坐在神舆上就行，我自己完全没有感受到一丝生气。但是，大地震之后我自己开始行动起来，感觉到和从事音乐工作时站在舞台上一样的雀跃激动。从那之后，就像洪水决堤一样，我开始在房地产行业淋漓尽致地展现自己。

采访

在办公大楼里办私塾

彼得 日本的商务人士缺乏的就是您这样的有意识的劳动者理念啊。

高木 我对“工作与生活的平衡”这种词没有什么感觉。工作和生活这两种选项不可能保持平衡，它们像不同渐变的层次联系在一起。今后会出现第三场所，或者叫混合场所，它既不是家庭也不是工作单位。这样的需求会越来越多。只是，每个人对想法、宜居性和兴奋点的要求都不一样。房地产行业作为提供便利的一方，必须传递出思考的价值才能实现。我想要创造这种具有可变性的房地产哲学。公寓的价值如今和安全性相关，人们认为出入口越多价值越高。我并不这么认为。**在大楼和公寓的一层设置公共交流区域，如果有各种人融入进来，就会诞生多样性，给居民带来快乐。**以前的日本完全是以相反的形式发展至今，原因之一就是关于大型建筑物的规范条例太多了。不过本来就应该由使用者来考虑，怎样让使用者心生期待？如何提高生产效率？怎样度过愉快的时光？下班之后走进家门前的一个小时，如果能在公寓的一层和别人交谈，不是很有趣吗？近些年来纽约的新型酒店开始在一层设置交流空间，而在日本想要偶遇别人的场所实在少得可怜。

从教育的角度来说，提供这样的场所也非常重要。我会带自己的孩子去 BIRTH 参加活动，让他们看见大人欢呼雀跃、生气勃勃的样子，意识到“工作原来如此有趣”，这对未来的日本教育是非常必要的。有句老话讲“父母用背影说话”，但是我想让孩子看到我的正脸。我们还设计了一种办公区和学习楼层混杂在一起、有孩子进进出出的大楼，就是所谓的私塾。过去的私塾中，**小镇上那些见多识广的知识分子讲述一些生动的知识，在他们周围聚集起人群闲话家常。**后来逐渐体系化，形成了教育分级的社会。也许从前的日本人也曾经讨论过更多的问题吧。我认为私塾消失就是文化的消失。所以我现在一边构想在办公楼里开私塾的情景一边发展事业。

彼得　凝聚了多样化的功能之后，会增加向心力，人与人的交流本身会成为良性刺激和学习的内容，这种想法让我深有同感。

高木　我绝对不希望它变成现实的场景。但是，如果不是在现实的场景里投入现实的想法，人就不可能聚集起来。我想在 BIRTH 实现的就是，它不是发表正确观点、出色想法的场所，我希望它是一个**传递个人想法的场所，没有正确答案的场所。**它会成为给年轻人提供机会的场所。当然我希望学校也能这样做，如果在学校难以实现，那就凭借自己的力量来完成。

彼得　作为父亲、管理者，您的标准是什么？

高木　东日本大地震的时候，我的孩子才 1 岁，还在喝奶粉。当时从自来水里检测出放射性物质，对生活造成了威胁，我家的房地产产业同样面临危机。创业者是我爷爷，他一手建成的总社当时正在进行改造。我一直在用长远的目光思考人生，甚至想到了未曾谋面的孙子辈。最后想到的是，再气派的大楼百年之后也会腐朽，但是人的想法不会腐朽，能够一直传承。重要的是大步朝前走，去执行自己的想法。我深刻地意识到，我想要度过这样的人生。这应该是最重要的标准吧。

彼得 从长远的目光来看人生，那就是范式变化的机会吧。

高木 是的。负责给 BIRTH 送外卖的青年管理者告诉我一件事，说他在开第二家店的时候遭遇了新冠肺炎危机，两家店铺都被迫停业。但是，关门那天，他认为并肩作战的员工是最宝贵的财富，大家应该共克时艰，于是给十来个员工预支了 3 个月的工资。我认为这是一个了不起的决定。如果只考虑眼前的事情，肯定会说“停业的时候，我只给你们发一半工资”。但是，**站在长远的立场来看，什么是最重要的？他应该是深思之后做出的决定。**店铺暂时停业，但是全体员工一起努力开拓了冷冻食品网购事业。据说现在的收益不亚于实体店，已经成长为中长期事业的支柱。**在危机之中被迫做出决定的时候，如果只看眼前就容易做出肤浅的判断。**等到度过眼前的危机，一切都会复原。比起眼前的事情，应该考虑的是 10 年后、20 年后甚至 100 年后为了存在下去应该做些什么，那样就会出现新的选项，看清现在该做的事情。像这样从长计议，在今后的生活道路上越发必要。

采访

兼顾线上和线下的社区

一想到今后的社区，恐怕不会只设想现实中的场景了，应该把线上、线下都考虑进去。通过线上的社区，可以联系想联系的人，获取想要的信息。另一方面，线下的社区是建立在家人、居住地基础之上的，不能只属于线上的社区，不跟附近的居民打招呼。如果只呆在线下的社区里，又不能拓宽自己的可选项。如何兼顾这两方面，才是未来社区应该具备的基本条件。

我在跟外地高中生聊天的时候，发现一件令人遗憾的事情。他们谈及生活和梦想时，我得到的回答是"这里什么都没有""放学后也没有什么乐趣，只能打游戏，看社交媒体（insta）""要是有钱的话，想去东京玩""想去迪斯尼乐园"等。这些回答多少都包含着"如果不在东京，什么都干不了"的言外之意，我感到很惊讶，"不在东京就什么都干不了"实在是一个很大的偏见。

过去，很多人聚集到大城市中。新冠肺炎蔓延导致很多人居家办公，大家开始意识到不用非待在大城市也能工作，开始发现城市的存在方式本身就很奇怪。人们重新认识到大城市里人潮过于密集，不仅在病毒流行的时期，发生火灾、地震等灾害时，也非常不安全。这些事情发生之后，今后应该会有不少人选择去房租便宜的乡下，尽可能自己提供食物，开始探索有别于过去的生活方式及与家人的相处方式。

从这个意义来讲，静冈市的做法耐人寻味。从东京乘坐新干线只需一个小时就可以到达的好位置，在这里却不太有“东京信仰”。不如说静冈当地建造了能和东京媲美的娱乐设施，而且游玩的时候洋溢着张弛有度的气氛，不像东京那样紧张、拼命。将来，也许这种静冈模式会辐射到全国各地吧。

如今，只要智能手机在手，就可以和全世界保持联系。可以获取信息，通过社交媒体直播主动发出讯息，还可以接受世界上一流水平的教育。现在的互联网增加了很多学习平台，选项越来越丰富。新冠肺炎也让很多人再次认识到在线形式的无限可能。

不仅是高中生，那些认为“在外地什么也干不了”的人，首先要知道这是一种偏见。只有这样，才能在互联网上构建有吸引力的社区，才能拓宽学习、生活和工作的选项。

推动商业发展的是在互相帮助时结下的情谊

新冠肺炎危机使得商业世界的关联性也发生了变化，出现了表明可以超越企业界限互相帮助的公司，公司和供应商的关系也出现了互助的倾向。

这种情况在本地化中尤其明显。在本地可以轻松跨越地区和专业领域的壁垒，公司也拥有开放的态度，加速互相合作。在规模远远不及大都市圈的小经济圈里，“竞争”这种思维方式本身就很容易招致孤立。所以，邻居之间携手互助，注意倾听对方需要的援助，互相鼓励对方实现自己的梦想。地区经济发展了，就会促进当地供应商的发展，当地的经济结构才会更加丰富。公司对当地公共卫生系统的恰当性和医疗的便利性、托管儿童的紧急性等问题有所贡献的话，就有利于构筑产业链中的友好关系。

渡过危机之后，能够助推商业发展的就是这些互相帮助、紧密相连的共同体了。不仅是公司，对于公司内部的团队和个人也不例外。今后，**面对同样任务的共同体，会跨越领域、专业和团队的限制相互关联，加深协作。**这个过程中重要的是能够意识到双方的利害关系，找到更好方向的“**跨境人力资源**”。要想成为这样的人才，需要在具备专业性的基础上，保持获取专业领域以外知识的强烈好奇心。

我经常说有**T型、π型、H型等提高各自的价值、创造更能发挥各自能力的状态。**不仅要加深某个领域的专业知识和技术，还要掌握不同领域的知识和技术，这叫作T型。进一步，能将不同领域联系起来的叫作π型。通过这样的组合，创造出新价值的可能性会提高。再进一步，通过把推动不同领域发展的共同体成员联系在一起的H型，可以形成提供更具冲击性价值的经济体系。

近来可以看到有的公司采取了公司内部副业的制度。工作时间的一部分花费在其他部门或者项目上，充分利用自己的技能和经验做出贡献，也能收获学习的机会，所以有的公司把它称作社团活动。实际上，谷歌和化工企业3M通过这种制度创造出了不少新的热销产品和服务。通过这些活动，产生超越组织界限的合作，不管是什么职务，年轻员工也可以将自己拥有的能力提供给组织，这种被称为逆向指导的系统与反向指导员工密切相关。在这里，已经没有必要用“学习”“玩要”“工作”等功能来区分不同的场所。今后，无论是人还是共同体，**都将更加重视通过任务产生的联系，而不是功能。**跨越组织、职务、公司的界限，每个个体相互关联的时代一定会到来。

18

Funder Beam
首席执行官

凯迪·卢萨·萨勒普先生

爱沙尼亚的创业家
给股份资本主义下的战书

爱沙尼亚居民具有北欧式民族主义的想法，也是初创公司的中心地区。凯迪·卢萨·萨勒普先生参与创办的风险企业Funder Beam就是其中的代表之一。凯迪·卢萨·萨勒普先生对金融市场的状况提出质疑，构建出能够直接投资初创公司的机制，致力于现有金融业界的民主化。未来商务社会将出现什么变化呢？我们倾听了他的想法。

采访

凯迪·卢萨·萨勒普

爱沙尼亚具有代表性的初创公司 Funder Beam 首席执行官，该公司得到了孙泰藏先生的投资。历任律师、构筑爱沙尼亚数字政府的顾问，出任纳斯达克塔林首席执行官。之后，创办帮助初创公司筹措资金的 Funder Beam，即作为向全世界开放的众筹平台，提供超越国境的创新型服务。

没有必要从遥远的国家调运粮食

彼得 您制定了爱沙尼亚数字化的法律，担任美国初创公司上市的纳斯达克（NASDAQ）子公司纳斯达克塔林的社长，参与了很多活动。从您的角度来看，今后商业会发生什么变化呢？

卢萨·萨勒普 变化最大的应该是行政和金融行业吧。行政方面将会减少办公室，从过去的“纸张文化”中脱离出来。金融行业自雷曼兄弟事件之后，变得尤其复杂。各种过于复杂的金融产品不断上市，股票市场不再体现原本企业的价值，而是成了交易复杂商品的场所。这样越变越复杂的金融行业已经失去了其本质意义。我觉得金融界的变化挺显著的。

彼得 从企业感受到价值的人直接以股票的形式进行投资，这才是原本应该有的形式。

卢萨·萨勒普 是的。本来 Funder Beam 是为了向不经由市场、为投资者和企业家提供能够直接进行股票投资的平台而成立的。我们的目标是不依靠企业价值受股价影响的经济体制，提供让投资家、支持者纯粹通过企业的活动、成果和前景来进行交易的形式。

我觉得现在的金融界人士还有一种优越感，没有注意到世界的变化，他们只把公司看成股份制。所以，真正优秀的公司是很辛苦的。我希望能够瓦解持续了百年以上的股票市场的固有概念，让金融实现自由化、民主化。将来，应该通过股票投资的自由化，以零基预算的思维来考虑问题。

彼得 新冠肺炎的蔓延期，您是怎样度过的?

卢萨·萨勒普 我在位于新加坡的家里远程办公。通过在线会议接触到了很多人，所以虽然足不出户，却好像造访了很多人家，这真是一种神奇的体验。居家办公不仅改变了工作方式，还改变了和家人的关系。实际上作为家庭内部的一种尝试，我曾经跟家人每周开一次会，我们管它叫作家庭会议（family council）。会议的主持人是 12 岁的儿子，他作为主持人在会上跟大家讨论决定，“本周家人是这种状态的话，下周就那样吧”。而且我儿子还会自己决定分担哪些家务，规定玩电脑游戏的时间。我觉得这是一种很好的训练方式，能够自行制定生活方式的相关规矩。

彼得 这真是有趣的尝试。要推动社会机制，让年轻一代认识到自己的责任并且履行是非常重要的，真希望日本也能采取这样的方式。从新加坡观察面临新冠肺炎危机的世界各国，您注意到什么了?

卢萨·萨勒普 我重新思考了世界各国的联系。例如，以前在超市出售的是中国产的大蒜。本来对于爱沙尼亚人来说，美味的大蒜就是临近俄罗斯边境的东爱沙尼亚地区俄罗斯裔种植的大蒜。然而市场上流通的大蒜却是千里迢迢从中国运来的，这件事情本身就挺奇怪的。但是，由于新冠肺炎疫情蔓延导致全球性的产业链中断，不能从中国运来大蒜了，反而能吃到当地生产的美味大蒜。新冠肺炎还原了“食物要在当地生产”的原有状态。

彼得 本地经济和全球化经济缺一不可。即使信息和资金流需要全球化，也没有必要特地从遥远的国家运输食品啊。

采访

民族主义发展的世界里，女性的领导能力受到关注

卢萨·萨勒普　我担心的是世界上民族主义的抬头。从新加坡观察欧洲，就会发现爱沙尼亚、波兰、匈牙利等国家，民族主义尤其强大。以前看上去是开放的欧洲各国，今后会何去何从？我非常担忧。

我经营的 Funder Beam 所处的环境，也开始出现变化。这适用于爱沙尼亚初创公司的整体情况。在投资者当中，既有大力支持初创公司的人，也有从投资中撤离的人，而且还有以此为契机，开创新事业的投资者。还可以看到加强共同体之间的联系，打造合作机制等动向。但是整体印象是把病毒当作必须打倒的敌人，进入了一种战时状态。民族主义的抬头也有一定影响。本来在爱沙尼亚有来自世界各国的投资者，但是以前那种融洽的文化消失了。有人对来自拉脱维亚的投资者大喊大叫："回到你自己的国家去。"投资者们面临的压力的确越来越大。同为初创公司，却受到了歧视，实在令人伤心。事实上在过去发展非常顺利的领域，现在也出现了问题，原因之一也许就是媒体营造出了"新冠 = 敌人"这种氛围。

在这种状况下，女性的领导能力备受瞩目。在女性担任领

导的芬兰和新西兰，她们执行的政策不是仇视新冠肺炎，而是探讨如何让国民适应与新冠肺炎共存的社会。

在爱沙尼亚也能看到，女性创业者和投资者更擅长以开放的态度巧妙地进行沟通。例如，在新加坡，为了帮助餐饮行业解决外卖手续费的负担问题，有位女性建成了名为“新加坡餐厅救援队”的网站开始运营，让人感觉到她以女性特有的包容性姿态、通过对话解决问题的态度，领导大家朝着建设性的方向努力。

采访

第 5 章的思考

你认为身边的家人、
恋人、朋友、同事，
对与你的关系有什么期待？
你个人认为你的职责是什么？

第6章

6

阻碍实现自我的真正原因

> 逃避自己的命运

人本来就具备最大限度发挥自身潜能去实现伟大事业的本能。但是，能够达成伟业的只是极少数人。**大多数人都没能充分利用才智，彻底发挥个人能力。**遗憾的是，我只能说他们在最大限度地发挥个人的才智与能力、从实现自我的责任中逃避出来。

为什么我们会从个人成长、实现自我的挑战中逃避出来呢？既然很多人都向往自己功成名就、拥有财富、具有影响力，那为什么只有极少数人能够实现呢？

这其中有各种原因，但是**最主要的原因在于我们对个人的“伟大”心怀恐惧。**与度过碌碌无为的人生相比，最大化实现个人的可能性更让人害怕。**20 世纪的心理学家亚伯拉罕·马斯洛曾经提到，“我们害怕窥视到最完美的瞬间”。**我们看到自身存在的伟大可能性，在感到刺激的同时，还会感受到在这种可能性面前个人的弱小和恐惧。圣经旧约里有个人物叫作约拿，他出于对这种伟大的恐惧，想要从神灵授予的使命中逃脱。马斯洛依照他的名字提出了**“约拿情结”**。约拿接受神的旨意，前往以色列的敌国亚述，告知他们40天后将被灭国。然而，约拿深感使命重大，想要摆脱前往敌国宣告灭国预言的重任，没有前往亚述，而是乘船逃走。神灵掀起巨浪，得知真相的船员把约拿抛入大海。后来，约拿被大鱼吞食，在鱼腹里煎熬三天三夜。无计可施的约拿向神灵忏悔，于是大鱼将他吐出。这次他奔赴亚述，向人们传达了神的旨意，亚述人顺从地接受并表示悔改，所以神灵改变主意，不再降临灾祸。

为什么我们要远离这种伟大呢？理由就是人最害怕独处。也就是说**我们并不害怕伟大本身，而是担心被孤立。**就像约拿不得不独自去面对亚述人那样。

我们在追求伟大的时候，就会脱离群体。越是探索自己的可能性，开发出有别于他人的能力，成为特别的存在，就越会失去大众的认可。引人注目同时也意味着受到孤立。如果能克服这种恐惧，我们就能与社会建立更多的联系。相反，如果忍受不了孤立，就会远离伟大，这种心理状态中也有认知偏差的影响。

除了前面列举的偏差，还有令人深受煎熬的恐惧，那就是对保持一致的恐惧。**如果我们完全遵照社会规范，就会出现一种“心理性死亡”。**越是保持步调一致，越会丧失个性和自我。人就会被这种害怕趋同的恐惧驱使，挣扎着逃离一致，依靠潜能，尝试和周围的人划清界限。

像这样，**每个人的人生经常在个性的冲动和服从的冲动之间反复切换。**越成功越引人注目，孤立感也越强。所以我们会向保持一致的安全性撤退。但是，越是步调一致，越有必要体现出差别，内心的不安就越来越强。人们通过人生在这两种冲动中来来往往。但是几乎对所有的人来说，对伟大的恐惧所蕴含的孤立，远远超过了对趋同的害怕。为此，我们担心引人注目，担心与别人明显不同，选择了保持一致，求得安全感。这就是大多数人选择和别人一样生活，接受远远低于个人可能性人生的理由。

马斯洛问学生“你们有谁想写出精彩的小说，成为优秀的领导吗？”所有的人都表现出明显的坐立不安。马斯洛见状就引导他们：宁可追求伟大给人留下傲慢的印象，也不要成为没有影响力、微不足道的存在，让人产生卑微的感觉。但是，如果学生们思考时有意识地大幅贬低自己的能力，他们剩下的人生一定会非常的贫瘠。

远离成功的各种偏差

（1）差于常人效应（Worse-than-average effect）

面对困难任务的时候，过低估计个人能力的效应。阻碍提出主张和展示自我的能力。

（2）社会期望偏差（Social desirability bias）

只汇报社会期待的内容，不汇报不被期待的内容。这是一种容易被他人的期待束缚的类型。

（3）塞默尔维斯反射（Semmelweis reflex）

拒绝与通常观点不一致的新事实的倾向。也称作不愿意接受难以用常识解释的事实的倾向。

（4）系统调整偏差（System justification bias）

现状即使存在问题，与选择未知的、不了解状况的方法相比，更愿意选择已知的、现有的做法这种倾向。

那么，能够做到既卓尔不群，又不被孤立吗？

重要的是在谦虚和傲慢中找到平衡点。毫不谦虚的傲慢会导致妄想和孤独，但是过于谦虚会动摇信念，不愿意努力去表现出色。为了和大众保持距离，需要具备一定程度的高傲。它与想要摆脱平庸、成就某事的信念密切相关。

也就是说**最稳妥的办法是拥有自信。**充满自信的人知道自己能做什么，了解自己的极限，努力去发挥出众的能力。充满自信的人即使相信自己会比过去表现更好，也绝对不会认为自己一定比别人优秀。所谓自信，不是用来和他人进行比较的，而是**发自内在的东西**。具备自信和能力而且还谦虚的人，实际上会获得成功，受到尊敬。成功和幸福的关键，就是找到稳妥的平衡点，对自己充满信心。

19

株式会社 Albion Art
首席执行官

有川一三先生

不断追问自己使命的
世界性艺术品经销商

有川一三先生是世界顶级的历史珠宝收藏家，同时也是活跃在业界的艺术品经销商。凭借个人力量打造出自己的天地，并且站在了最高峰。真正的美是什么？真正有价值的又是什么？有川先生经手了无数重要的历史珠宝，我们向他请教了开拓人生的方法和生存方式。

采访

有川一三

株式会社 Albion Art 首席执行官，执掌 Albion Art 珠宝学院。活跃的艺术品经销商，作为世界性有宝贵历史价值珠宝的收藏家广为人知。曾获法兰西共和国文化艺术功劳勋章骑士奖 (Chevalier)，大都会博物馆国际评议会会员。2005—2017 年在东京艺术大学讲授西洋珠宝装饰史课程。

从以人为中心到以地球为中心的价值观

有川 2020年的新冠肺炎疫情带来的危机在历史上也屈指可数。我在陷入危机的时候，总是习惯地把它当作上天传递给自己的信息去思考。在过去的经历当中，最艰难的要数雷曼兄弟了，当时真的不容易。但是现在回头去看，会发现那时的苦难已经成为人生中最宝贵的财富之一。通过那次苦难我懂得了感恩。这次，上天又要教给人类什么呢？我们每一个人应该如何接受它呢？这种思考本身就非常重要。

应对危机时最重要的是把危机当作机会去思考。令人走投无路的危机，是实现飞速成长的千载难逢的良机，我每次都这样说服自己。但是在现实中面对危机的时候，很难去这样思考。不过，如果你相信危机就是机会，那么就一定会看到希望。于是，在某个时刻，它真的就会变成机会。尤其是现在，正是实现范式变化的绝佳机会。

彼得 您认为对全人类和您自己来说，分别会成为怎样的机会呢？

有川 从我个人来说，这是一次重新审视内在的机会。我个人肩负着一个任务，即**“把充满美和感动的珠宝世界作为能为人类做出贡献的文化创造出来”**。但是，人往往会利用冠冕

采访

堂皇的借口来满足私欲。自己是否真的把它视为己任，还是说实际上想通过这种行为获得成功和财富，来收获自我存在感呢？这有必要扪心自问。**这是一个让人再次思考自己到底想要创造什么价值的好机会。**

要说全人类的话，这应该是思考资本主义应有状态的机会吧。从前世界所需要的资本主义，最首要的目的是增加资本。但是，人类在这样的过程中，消耗了地球的大量资源，让一切欲望膨胀。地球几乎难以承受这些贪欲，水被污染，空气变得浑浊，绿色植被越来越少。

如果地球不再美丽，人类就会灭亡。21 世纪，地球的美关乎人类的生存。今后应该还会不断出现类似新冠病毒的新型病毒，那是因为地球变得像垃圾堆一样。生活在这样的环境中，当然会生病，这就是地球的现状。人类迎来了一个契机，去重新思考自己应该处于什么状态。要更加注重把以人为中心的价值观变成以地球为中心，人类结合地球应有的状态、掌握好平衡生存下去。具备这种意识才是最重要的。即使不能彻底脱离资本主义，至少要注意为防止地球恶化做出贡献，或者留心避免助长地球恶化。要不断朝着这个方向推进，继续开展良好的经济活动。那些不能好好把握这种平衡的人，就会灭亡。大家都应该意识到事态就是如此严峻。

彼得　也就是说包括资本主义在内，这是一个改变支配人类范式的时候？

有川　是的。对于那些希望获得幸福的人来说，资本主义下财富的诱惑太大了。因为财富扩张是资本主义最大的目的。但是，如果人类面临灭亡，那将毫无意义。当我们意识到地球承载人类欲望的能力有限时，从这一刻开始，本质上来说资本主义就会终结。可以说资本主义的思想基础已经不复存在。

通过志向来磨炼人的性格、能力和命运

彼得 您既是艺术品经销商、博物馆馆长、收藏家，又是变革者，承担着各种各样的职责。今后您还会履行什么职责呢?

有川 我想创造的是珠宝文化。珠宝具有宇宙之美、地球之美、人类祈祷的造型、灵魂的造型等本质。到文艺复兴为止，那些绘画无法比拟的高水平的美术品，作为财产具有价值。更重要的是具有精神性、本质性的价值。但是，文艺复兴之后随着人文主义抬头、诸神走向没落，逐渐失去价值，不知不觉已经成为单纯的商品。

采访

但是最近在世界范围内，珠宝作为艺术开始重新焕发活力。2018 年 11 月，大都会博物馆在建馆 150 年的历史中首次举办了珠宝展。当时馆长说，“我们决定把珠宝视为和绘画一样的高雅艺术，全力推进”。实际上，也有客人到我们的沙龙来欣赏珠宝，感动得不禁流泪。通过讲座和展览尽可能提供机会，让客人体验这种纯粹的感动，正是我的职责所在。

彼得 回顾您的职业生涯，您自己创造出自己的领域并且做到了极致，这和典型的日本人是正好相反的，他们在资本主义制度下上大学、考取资格、进入公司、出人头地，按部就班度过这种设计好的人生。应该如何找到自己的道路，怎样度过

人生？如果您有好的方法，可以跟我们分享吗？

有川 有人曾经问过我“你的终极目标是什么”。当时我想到的是，如果我离开人世，去往另一个世界见到我的父母时，能听到他们说“作为你来说，做得不错呀，爸爸妈妈真没想到呢”。也就是说，在临终之前能让自己觉得“我这辈子这样挺好”。我想在有生之年创造出这样的价值。

说到天职，与其说是想做的事情，不如说是应该去做的事情。勇敢的志士们，心胸怀揣着哪怕献出生命也不让日本受到外敌侵袭的勇气，这可不是出于个人的兴趣爱好。明治维新时期，应该没有哪个有志之士是贪图高官厚禄、得到了升官发财的保证才投身革命的。**他们经常反问自己，老天要求自己做些什么？怎样才能对社会有所贡献？**在不断询问自己“你的使命是什么”（What is your mission？）的过程中，渐渐地有些东西清晰可见。我也经常这样自问自答，在 39 岁的时候决定投身这个行业。

我决定在这一生中每年的 365 天，每天都要拼命工作。对于一般人来说，想睡觉的时候就睡觉，想偷懒的时候就偷懒，想玩的时候就玩。但是，我决定要把自己的生命奉献给我的使命。这是最有意思的工作，包括人际关系在内，其实有很多困难，但是我几乎没有感觉到必须要休息的压力。我个人非常地邪气，绝对不是那种纯净如水的人。但是，通过树立远大的目标，给自己设计重要的任务，能够抑制性格里不合常理的部分，更多地引导出优良的品质。通过高远的志向来陶冶品格，能力也会飞速提升，然后命运就会豁然开朗。“日照一隅，也是国宝”（在所处的环境中努力奋斗、能够散发光芒的人，是任何东西都无法替代的宝贵存在），这是传教大师最澄（日本天台宗的开创祖师）的箴言。志存高远，精益求精。我想永远将这两点铭记于心。

即使发生范式变化也不会改变的原则

思考人生的终点与把什么作为自己的原则密切相关。

我在过去的工作经历中明白了一件事，即“人如果不遵从自己独特的原则，是不可能活出真我来工作的”。对于工作难易度，每个人的标准是不一样的。对我来说，即使工作强度很大，保持紧张感反而更有利于提高生产效率。前一段时间朋友对我说，“你应该很喜欢困难的局面吧。一旦发生问题，你的双眼就熠熠生辉啊”。我觉得的确如此。遇到不懂的事情、新生事物会跃跃欲试；如果工作进展顺利，反而会感到莫名的疲倦。我个人深有体会，没想到“连周围的人也发现了”，真是令人感动。但是，这样的工作方式对有的人来说，就会充满压力吧。什么才是最佳状态，的确是因人而异的。因为每个人工作的目的、生存的目的都各不相同。

自然，坚持的原则也不尽相同。“享受问题”这种态度也许可以说是我的原则。原则，简单说来就是“重视的事情”“不能让步的事情”。例如，本书中出场的仁礼彩香女士，她的原则就是“改变教育”。社会问题数不胜数，但是她始终致力于在教育领域推广可持续性的、平等的思维方式，“领域原则”决不让步。也有像森川亮先生那样从事任何工作都会“享受变化”的人，这就是他们的原则。此外，还有即将为大家介绍的保罗·布雷吉尔先生那样，“不管怎样先动手试试”、以好奇心为原则的人。他们的**共同之处就是就算原则暂时会动摇，但一定会复**

原。拥有原则的人，就算遭遇变化的巨浪，也不会被随意摆布。

未知的病毒传染扩大，出现了世界性的爆发，无论是在世界各国还是在日本,可以看到人们变得疑神疑鬼,以自我为中心，即使从前一帆风顺的事情也开始出现问题。国家和个人暴露出的民族主义和利己主义随处可见，最危险的时候这种丑态更加暴露无遗，是因为他们没有自己的原则。越是危急关头，有没有原则会出现巨大的差距。不管范式会不会改变，永远不变的是原则。

自己有原则吗？使命是什么？

病毒危机给世界带来了巨大的改变，这种时候，街头巷尾各种关于“危机后的世界是这样的”这种预言满天飞。但是，谁也不知道未来的变化。每年各种杂志新年第一期刊登特集“关于今年的预想”，等到事后回顾也并没有那么应验，这就是最好的证据吧。

这个时期，看上去能够赶上变化浪潮的人，既不是事先预测变化的人，也不是适应力强的人，而是那些**努力抓住变化趋势、观察时机的人。**对他们来说，变化的时机只是正好和新冠肺炎危机一起到来，并不是受到新冠肺炎冲击才开始的。他们的行为不是为了接受变化、残存下去的决策，也不是为了恢复正常的经营判断，而是遵照自己毫不动摇的原则，原本就作为一个准备好的选项出现在愿景当中。证据就是他们说出的冷静回答：**“原本就在考虑的事情因为病毒危机提前了。”**

形势越严峻，拥有这种坚定原则和强大信念的人们的行动就会越发鲜明，这不仅限于经营者和创业者。平时就做好预案的人们，应该都依照自己坚定的原则，做好防疫对策、工作方式和知识学习的准备。

没有巧妙乘风破浪的技巧。关键是能否洞察变化的时机，在那之前能否坚持自己的原则随时应对变化。这是非常重要的。

生活方式是否有意义？或者是否应该赋予人生意义，努力活着？自己有原则吗？自己赋予自己的使命是什么？如今的选择真的正确吗？您可以尝试把它作为回顾过往的机会。

20

投资家、连续创业家、奥运选手、教练

保罗·布雷吉尔先生

独树一帜的硅谷投资家进行的丰富挑战

即使在硅谷的投资者当中，保罗·布雷吉尔先生的经历也是非常独特的。他是 Uber 等世界著名的独角兽企业的投资家。作为风险投资家从创业期开始提供支持。另一方面，36 岁时挑战儿时的梦想——参加奥运会，作为成功者没有洋洋自得，一直拥有梦想，不断付诸行动。完美诠释了创业者精神活力的来源，怀着好奇心和领导能力不断创造未来的范式，这位一流的跑者有哪些想法呢？让我们一起来聆听。

采访

保罗·布雷吉尔

投资家、连续创业家、奥运选手、教练。出生于 1977 年，从伊利诺伊大学毕业之后开始了第一次创业。现在作为硅谷投资家，在全世界 41 个国家对 200 多家初创公司进行投资。在 Uber 仅有 9 名员工的创始阶段开始投资，对包括 Zappose、Unity、Stripe 等在内成长为数亿美元规模的 200 多家初创公司进行了投资。为了培养人才，作为顾问积极开展活动。运营着包括 Bragiel Brothers 在内的六家基金公司。致力于在菲律宾、新加坡、马来西亚、哥伦比亚、巴西、坦桑尼亚等世界各地的技术开发、创业支持。

为什么 36 岁开始想出征奥运

彼得 决定成为奥运选手的硅谷投资家，除了您好像再也没有第二位，契机到底是什么呢？

布雷吉尔 我在世界各地进行关于追求梦想和灵感的演讲。2013 年有一个学生问我：“你现在追寻的梦想是什么？”我才开始思考这个问题，想到了孩提时代的两个比较大的梦想，一个是制作电脑游戏。我成立了游戏公司，已经实现了这个梦想。另一个梦想是“成为奥运选手”，还没能实现。当年 36 岁，那么就立即开始行动吧，我当时这样想。

那时我不注意养生，体型走样了。时间、自由、一定数量的资金我都具备，所以我觉得用一年半的时间来训练是可行的。于是把冬季、夏季的所有项目验证了一遍，觉得冬季越野长跑是比较可行的一个项目。因为世界上一大半区域都不下雪，竞技人口范围缩小了很多；其中比较容易通过预选赛、危险性比较低、不用组建团队的项目就是越野长跑了。当时距离索契冬奥会还有一年。我通过朋友结识了芬兰的教练，开始正式训练。在芬兰、澳大利亚、新西兰，每天坚持好几个小时的训练。

彼得 您是怎样代表哥伦比亚参赛的呢？

布雷吉尔 问题就是如何选定代表参赛的国家并取得市民

采访

权。要代表美国参赛，任何项目都很难。为了找到同意派遣我参赛的国家，我给各国写了信件，几乎所有的国家都没有回复，有几个答复我“很有意思”的国家，其中就有哥伦比亚。我利用工作建立的关系，在某个活动中向总统请求：“请您帮我实现儿时的梦想。”通过初创公司的朋友帮忙，最后从总统那里得到了签名，作为哥伦比亚市民，成立了这个国家第一支越野长跑滑雪队。

我也是这个国家第一名越野滑雪运动员，所以自动成为全国冠军，获得奥林匹克预赛的出场资格。

虽然有一些批评的声音，但在各国媒体相继报道之后，得到了很多人的支持。比赛成绩也在顺利地提升，一切都进展顺利。但是后来因病缺席了两场比赛，结果没有拿到参赛资格，我就以观众的身份去了索契。接下来本来想以平昌冬奥会为目标，但是脚踝有伤痛，只好放弃，成为奥运选手的梦想就此破灭。

但是，梦想并没有结束。我还有作为教练参加奥运的机会。你知道吗？很多奥运选手为了参赛，平均每人有 5 万美元的借款。在电视上看到大多数选手都为缺钱而发愁，我成立了一个财团，想为他们提供帮助，为让他们参加顶尖水平的竞技而投资。于是，**我成了哥伦比亚和汤加的越野长跑队教练，终于去参加了奥运会。**

自己的未来要掌握在自己手中

彼得 即使是作为一名创业者，您的故事也非常吸引人啊。我想问问您的人生哲学是怎样的。

布雷吉尔 我是一个超级乐观的人。当然日常生活中也免不了担忧，但是从大的意义上来说，没有什么可担心的。感受到压力的时候，我经常告诉自己，后退一步观察事物，会发现最后并不会出现什么糟糕的结果，也不会因此而失去生命。可以说我本来就是一个幸运儿，即便我是一个孤儿，过着为钱所困的生活，我也会努力不受负能量的影响吧。也许我天生就具有创业家的气质。

我坚信自己的将来能够靠自己创造。就算有的时候会迷茫、动摇，大多数事情还是可以做到的。另一方面，我也相信我的人生，无论我是否知道，一定是在某些人即“看不见的手”的引导之下决定的。

彼得 您认为自己的命运能够自己掌握，这种想法在日本还是比较少的。

布雷吉尔 **人人都应该具备创业者精神。**如果只是浑浑噩噩地待在那个地方，期待着会发生一些好事，那么什么都不会开始。相信自己能够掌控事物是非常重要的。**要把握命运还需**

采访

要很多的准备。如果只是等待事情发生，那么绝对不会收获幸运。只有行动起来，才可能会有好事发生。

幸运的是，我的父母给我做出了很好的示范。他们在冷战时期从波兰来到美国，非常努力地工作。母亲做了 20 多年的家庭主妇，和父亲一起经营着一家小公司。对于我来说，可以跟他们聊聊生意上的事情，还可以得到他们的反馈。也就是说，我在自己家里接受了成为创业者的教育。所以，对于我来说，成为创业者几乎没有什么门槛。对于未来，我一直持肯定态度。即使眼看着不太行了，我的内心深处，也会坚信必将好转。

彼得　您在感受到压力、意志消沉的时候，有什么恢复的方法吗？

布雷吉尔　散步、午睡、桑拿，任何一个都能消除它们。当我特别生气的时候，如果继续看推特上的留言，不断和别人交谈，就会发现愤怒还在升级，所以我会主动远离问题，有意识地将自己置身于不同于平时的状况中。

如果整天窝在沙发里是日常状态，那就出门和别人聊天；如果没有好的创意，就去跟陌生人说话，去一个没去过的新地方，就像这样。

对包括虚假信息在内的信息进行多角度分析

彼得　关于收集信息您是怎样做的呢？如何应对媒体的现状？

布雷吉尔　现在，世界上充斥着各种虚假信息，甚至无法得知它们来自何处。有的媒体故意攻击别人、散布谣言，新闻的内容未必是真实的。人们现在应该理解这种现状，学会多角度辨别信息，进行双重、三重验证，慎重地考察信息的出处，这是非常重要的。**在此基础上形成自己的见解。**包括未必会相信的信息源在内，我个人会尽可能地接触更多的数据。因为我必须考虑，即使不是真实的信息，假设有些人坚信它们是真的，那么它将对我的公司和股票市场会带来哪些影响。

彼得　那么您如何看待世界局势呢？

布雷吉尔　某种意义上是肯定的，某种意义上又是极其悲观的。最令人担忧的就是民族主义高涨。我是外向人，想见全世界的人，但是现在很多人开始变得内向。遗憾的是，现任总统领导下的美国也是其中之一。

关于隐私，我也十分担心。一方面，很多国家开始强化监视追踪，今后网络不断发展，会更有效率，这一点值得欢迎。但是与此同时，如果变成被监视的社会，我是坚决反对的。

另一方面，**很多人开始发挥领导能力。**还有人行动起来，为医生筹集口罩。我的一个朋友，在芬兰提供了最多的手部消毒剂。他通过电话确保了拉脱维亚酒精制造商的供应，成功地提供给芬兰政府。我非常喜欢那种不袖手旁观、主动解决问题的人，我愿意和他们一起工作。

> 敢于面对各种负面情况的勇气

不用别人提醒，人对于那些喜闻乐见的好消息和令人自豪的经历总是津津乐道，但是对于自己的失败和影响气氛的坏消息，很自然地想去掩盖。这是出于这样一种心理：任何人都愿意被认可，想要保持愉悦的心情，不愿意面对别人的愤怒、悲伤或者不愿意颠覆自己过去的平静生活和价值观。

但是范式变化的关键时刻一定有负面情况，也就是人们难以理解的问题、不想面对的事实在等着我们。无论人和社会多想掩盖负面情况，用资本主义的幻想去装饰它，但通过现有技术的进步，谁也不能阻挡信息的传播，假面开始逐渐剥落，这也是事实。例如，NETFLIX 作为一个流媒体播放平台，从电影到纪录片，以非常快的速度播放各种视频，受到广泛关注。世界性的移民问题、最近的传染大爆发等过去的媒体不能公开报道的复杂主题，通过 NETFLIX 呈现给全世界的人们。最有代表性的例子就是《隐私大盗》（*The Great Hack*，2019 年放映），描写了将社交信息用于政治信息战争的一系列事件。

这部作品讲述 SNS（社交网络服务）中的数据价值已经超过石油，2016 年特朗普当选总统和英国脱欧中，平均从每个选民收集利用 5000 条信息，用来操纵民众的心理。我们将社交网站当作共同体和广告平台每天使用，当我们对背后的隐情了解越多，好奇心越强，问题就会逐渐明晰。我们面对着如此肮脏丑陋的事实这件事，成为我们看清范式的契机。

＞ “越境”开拓命运

对于世界上任何一个人来说，想要看到现实的“背后”绝不是一件简单的事情。有的时候是国家进行了信息管制，有时候是物理性的信息网络不够发达。还有像日本这样一边歌颂着报道和言论自由，实际上缺乏信息多样性和国际性的国家。在像发射井一样信息闭塞的环境中，只有极少数利益相关者能唱独角戏，这必然导致整个国家的落后。

BBC 和 CNN 几乎天天聚焦秋天的美国总统大选、中东俄罗斯局势等在世界上影响政治经济的大事，而日本的黄金时段新闻现在依然还在不断播放老人驾驶汽车的事故、艺人结婚、水豚泡温泉等画面。人们觉得这些重要的世界大事“太麻烦”“跟自己无关”，不愿意去关注。从世界范围来看，信息闭塞到了如此地步，也是极为罕见的吧。

全球化也就是共享世界性的问题和解决方向，使世界上的所有国家共同度过危机。这种**“越境”**之所以有用，是因为不受国家和区域限制，超越不同的领域和专业，甚至共同体互相关联，能够意识到双方的利害关系，去找到更好的方向。

通过地域的经济发展和教育，促进地区供应商的成长，会让地域的经济结构更加丰富。已经处于世界性传染的局面下，公司为解决当地公共卫生系统的合理性、利用医疗的便利性、利用紧急托管的可能性等问题做出贡献，是能够持续构建区域社会友好关系的。与各种利益相关者共同制定计划，相互学习知识和技巧，是能够建立基于越境的合作关系的。

在构筑这种关系的过程中，可以预想到会出现阻碍生产性举措的壁垒，例如**“不知道该怎样提供支持”“不相信支持很重要”等。**

不过，克服这些障碍的方法很简单。

例如，飞机在着陆之前的最后一段时间内，过道上的空乘人员会要求乘客将垃圾和没有用过的东西递给他们。如果告知乘客他们的配合对减轻保洁人员负担、保证下一个航班准点出发的意义，就能得到乘客的支持。

如果请求支持的理由只是为提高自己一方的收益，有可能会被认为请求支持的动机不纯。但是，如果对方能够理解双方的参与对其他利益相关者有广泛积极的作用，几乎大多数人都会欣然接受。

21

Mistletoe 创业者

孙泰藏先生

世界性的连续创业家
讲述的文明大转换的瞬间

孙泰藏先生作为连续创业家亲自创办了一系列 IT 相关公司，同时作为投资家进行初创公司的创业和发展支持，他为本书提供了很多有启迪的指导，诸如范式的意义、过去的范式和从未来的倒推等。孙先生在广泛的领域内进行投资和创业，通过他的言语不难发现他与哲学、艺术、历史、教育以及科学等广泛领域的联系。孙先生对于未来有明确的愿景，我们听他讲述了人类即将到达什么样的范式，将如何到达。

孙泰藏

Mistletoe 创业者。作为连续创业家创办初创公司，致力于解决各种社会课题，同时作为 Mistletoe 的创业者，提倡建设旨在解决重大社会课题、具有强大影响力的共同体，努力培养能够解决社会问题的创业者，积极为初创公司的发展提供支持。

分散的生活有利于社会的幸福

彼得 首先想请您谈谈您如何看待此次危机。

孙 对整个社会来说这是非常严重的大事，但是文明迎来了重大变革的机会。可以说这是一次文明的大变革、创造 21 世纪新文明的良机。病毒在人类诞生之前就已经存在了，可以称之为自然现象。它之所以成为人类社会的大灾难，是因为人们集中居住在大城市，20 世纪的文明出现了龟裂。从这个意义来说，这是一场必然会发生的灾难。

彼得 人们还预测生活方式和工作方式会发生变化。您认为文明会发生怎样的改变？

孙 20 世纪是工业、产业的世纪。工业化、产业化的最大的特征是社会分工。生产力和效率被高度重视，所以所有事物都进化成一种特定的形式：医院是治病的场所，政府是办手续的场所，学校是学习的场所。就像这样，职业、工作方式、生活方式还有城市的状态都建立在社会分工的基础上。为了提高效率，达到相当程度的、复杂的社会分工不断发展，资本主义更起到了推动作用。这次危机暴露出来的就是这种效率化发展到一定高度的社会的虚弱和不堪一击。分工进化的结果形成了一个大家必须聚集在一起生活的世界。这就是城市的样子。

通过金钱为媒介进行价值交换的经济活动繁盛起来，城市化就进一步发展。正因为是这样一个世界，所以这次传染才会扩散开来。

那么，21 世纪的文明会变成什么样子呢？**我期待能够停止过度的社会分工，重返过去那种自己什么都做的社会。**人类生存必不可少的粮食、水、能源等，和衣食住行相关的东西一定程度上自己生产。如此一来，就不那么需要所有人抱团生活了。

无论是欧洲还是日本，过去都不那么集中在都市，形成了一定规模的村落，几百人、几千人稀稀拉拉地生活在一起。梵蒂冈大教堂里装饰的挂毯上，描绘着保持一定间隔、散布其间的小小村落。在中世纪的意大利，人们并没有集中居住在大型城市里。因为要生活下去必须要有农田。在一定规模的农田中分布着村落和小城市，这是一般的形态。如果这样生活，即使出现了病毒，也可以杜绝集体传染，肯定不会出现这次世界范围的大流行。但是，近代之后，城市化进程加快，诸如纽约、东京之类数千万人口规模的大城市在世界各地出现了很多。在这些地方，是不可能追踪传染路径的。

当然，我并不是要提倡回到中世纪的生活，人是不可能退回到原始的时代了。我认为我们应该利用人类研发的最新技术创建一个分散居住的社会。虽然不能亲手生产生存所必需的粮食，但是如果**利用人工智能和机器人，无须借用人力就可以生产充足的粮食、水和电。**随着信息网络的发展，在世界上任何一个地方都可以顺利开展工作和合作。具备这样的环境之后，就无须向大城市集中，既能有效地提高生活品质，也可以防止病毒蔓延。

时代要求个人走在组织前面

彼得　这种情况下的工作形式是什么样的呢？

孙　应该是个人往前冲吧。在日本做自我介绍的时候，经常说“我是某某公司的什么人”，习惯先报上所属的组织名称之后再说自己的姓名，自己所属的组织只能是一个。自己的社会性存在，通过所属的公司加以说明。但是今后，先有我，这个我在某个公司负责 A 项目，在另一个公司开展 B 活动，作为家长和孩子一起从事 C 活动。像这样，一个人属于多个组织，灵活地开展工作。

从前必须属于一个公司，是因为大家相信那里有很多要做的工作，而且必须集中在某一个办公室才能实现。但是实际上借助于技术早就不必那样了。人不愿意改变已经习惯的东西，有一种习性想要一直继续下去，这叫作路径依赖性。因为这个原因，虽然已经具备了灵活工作的条件，还是每天早上去同一个公司上班。但是，这次的危机让大家发现其实通过网络一定程度上可以完成工作，而且效率还提高了，这意味着同时在几家公司工作也是可行的。实际上我曾经预言过这个时代会到来，但是一直没有应验。现在可以看出社会正在朝着这个方向改变，这其实是新冠肺炎效应，虽然这样说不太妥当。

现实场所具有的某种意义，仅限于“现场”和“主场”，即实际发生着某些事情的最前沿的现场和研究者云集的研发主场。一方面，人类容易受环境的影响，所以“现场”或“主场”是做出正确决策和学习的最佳场所；另一方面，几乎所有公司的办公室、有很多员工的总公司，既不是现场也不是主场。如果说那些地方是白领的指挥部，那是完全不需要的。至少和过去相比，场所的状态应该发生改变。不动产已经失去意义，全部要变成“可动产”。当然任何时代都有在现实场所聚集的需要，将来拥有店铺、公司、商品陈列室这些固定场所，等待顾客前来的情况将越来越少，只会把它们当作适合人们临时聚集的场所。

彼得　您怎么看待家人的状态呢？

孙　从前我们把有血缘关系的集团称作家人，但是今后家人的定义也会越来越广。如果家人有困难，其他家人会不计得失全力帮助吧？今后，一起用餐、悲喜与共、一起生活的伙伴，会成为这种互相帮助的家人的定义。我希望能变成那样。

这就是日语里的**“同吃一锅饭”**表达的那种关系。

彼得　我出生在波兰一个只有 50 个人的贫穷小村庄。如果谁家杀猪，全村的人一起分享；如果谁家要收割庄稼，所有的人都来帮忙。也可以说是一个 50 口人的大家庭。

孙　从前日本的村庄也是这样。但是随着核心家庭的发展，出现了小小的核心。人类像这样出现“原子化”，是现代经济结构造成的。后来出现了加强版，形成了公寓这种以家庭为最小单位居住、保证隐私的布局，大量销售供人们购买或者租赁。这样一来，和周围的人关系越来越淡薄。住在公寓里的人甚至连邻居是谁都不知道。出现这种现象的基本原因就是“一个人生活”的想法。**但是，本来人就不可能独自生活下去。**这次的危机再次让大家深刻地意识到这一点。所以，我认为今后会出现重建共同体的动向。

去除生命阶段这个分区

彼得 您如何看待教育呢?

孙 人类的平均寿命，在 19 世纪之前只有 30 多岁。进入 20 世纪之后，欧美和日本达到了 40 多岁，之后的 100 年中大概延长到以前的 2 倍。如今我们的平均寿命接近 100 岁了。日本虽然存在少子老龄化的问题，但是少子老龄化其实是长寿社会，本身并没有什么不好。**问题在于人生 100 年，尽管实现了神奇的变化，但是我们的生活方式和思考方式还停留在 100 年前的水平。**

我们用“生活阶段”这种思考方式生活着。例如，20 岁前后被父母、学校命令“拼命学习”。即使觉得学习很无聊，也会被不断提醒“别管那么多，好好学习”，被迫一直学习。之后，进入社会突然就变成什么都不学习的状态。本来，到了我这个年龄，会明白好多事理，开始承担责任，现在才是最想学习的时期，结果却忙得没时间去学校，也没有适合大人学习的地方。甚至过了 65 岁之后，工作、学习都没有了。在平均寿命 70 多岁的年代，过了 60 岁之后的十年可以当作福利，轻轻松松地度过。但是现在 60 岁之后还有 40 年的时间，那么长的时间里，什么都不做的话，经济是不可能运转的。明明有很多人还想继续工作，却因为跟不上时代的变化没法工作。那样的话，去学习就好了。因为有 100 年的时间，小时候不想去学校就别去了，等到想学的时候再学，想早点工作就工作好了。

我以前经营的是游戏公司，曾经寻找过调试人员。这项工作就是从早到晚一直玩游戏，找出其中的漏洞并且修复。既需要具备程序的知识和技能，还得要喜欢玩游戏。所以，即使我们给出了年薪 1000 万日元的条件，也很难找到人来做。但是，不爱上学、懂程序又爱玩游戏的中学生要多少有多少吧。这些孩子们能来工作就最好不过了。作为工作享受着最喜欢的游戏，最后能掌握编程的技能。然而，受现在的社会限制不能这样做。

今后不会区分工作、学习、玩耍。虽然在玩，回过神来发现也学到了东西，还挣到了钱。随时都能学习，能工作，能玩耍。应该会变成这样吧。生活阶段就像分区一样。明明抛开它大家可以过得更自由，但是现在的教育体系却不是这样。我想要改变它，开发一种与年龄无关、任何人都能学习的新场所。我的目标就是如果要从零开始学习的话，小孩大人都能在同一个班级学习的学校。

实际上，我设想过如果能和儿子在同一个地方学习该有多好。最近，有很多跟宇宙有关的初创公司，经常收到委托投资的申请，所以我在学习宇宙工学和天文学。有一天，我和儿子一起看 BBC 的纪录片，正好在播放 NASA 的新项目。“哇，还有这样一个项目呢。你知道吗？”我这样问儿子。结果他说“知道啊”，并且详细地给我讲解了一番。儿子也很喜欢宇宙飞船和天文学，经常在 YouTube 上看相关的视频，在这方面他显然是我的大前辈。如果能和他一起学习，简直是太棒了。如果有好的课程，我要和他一起去听。儿子后来去听别的课，我跟他分开之后就开始了在线会议。

我希望能**出现这种既是学校，又是办公室的地方。**单一把学校定义为学校，职场定义为职场，简直是太荒谬了。今后，这种场地应该既是教室，又是工作场所，还是吃饭的地方，应该汇集多种功能于一体。

彼得 真有趣啊。您如何看待媒体和信息收集呢？

孙 我是环境论者，认为“环境创造人”。现在的状况很不好，改变自己又并不容易，所以就要改变环境。**改变了环境，自己也会发生变化。**环境包括三种，第一个是物质环境，会受到自己所处的空间、场所、设备的影响；第二个是人的因素，根据相处的人而发生变化；第三个是信息环境，资本主义中的媒体，成了一种越引人关注盈利越多的组织。人类的习惯是关注消极新闻多于积极新闻。一听到别人说“危险”“糟糕”，就会心生好奇“发生什么事了”。如果听别人说“没事”，只会流露出“这样啊”的表情。新冠肺炎疫情刚开始扩大的时期，我也非常担心，成天都在看新闻和社交媒体。但是，渐渐感到压力越来越大。于是和值得信赖的朋友建立了聊天群，只发送“应该学习这个”“需要事先了解这个”“原来如此”之类的消息，也只关注这类消息。因为有大家事先把关，所以只接受一些真正好的信息，压力和不安也逐渐消失了。如果什么都不考虑，就会无意识去寻找消极的新闻。我们需要给信息环境排毒并且重新设计。

能力主义偏差给现代人带来不幸

彼得　偏差跟信息也有关系啊。在新冠肺炎危机中，随着世界性大爆发的发展，信息流行病也成了一大问题。

孙　的确如此。据说跟这次危机相关的一个是偏差，如“我没事”“到了夏天，温度高了就没事了”等，毫无依据地认为自己可以置身事外。另一个是成果偏差，如出现了不好的结果，就说“你看，被我说中了吧”“我原来也这么想的”，用这种话去围攻别人，明明在结果出现之前不是这样想的却牢骚不断。这种偏差扩散到整个社会，就会让所有人认为应该归咎于国家、地方政府和公司，认为全都是别人的错，找一个容易发现的目标加以攻击。这样一来，社会的信赖关系会摇摇欲坠，可以说社会的免疫力遭到破坏，这就是信息流行病。信息传染也得靠自己去防御。为此有必要从信息空间中隔离出来，设计好信息环境。

实验结果表明，抑郁症在自己认识到“也许是抑郁症”的那一瞬间就开始治疗了。**偏差也是在不知不觉之间出现的，所以如果认识到“自己可能持有偏见”，后退一步，拥有客观看待自己的超认知观点，就能从偏见中摆脱出来。**

彼得　您留意过自己的偏差吗？

采访

孙　我从三四年前开始探索教育，发现其中有一个很大的偏差。现在人工智能以惊人的速度发展起来了吧，如果不改变教育，真的会糟糕。为什么呢？因为现在的教育传授的是“前人工智能”时代人类要掌握的技能，如正确地记忆大量信息，必要的时候准确、灵活地应用，这种技能是人工智能的强项。也就是说，学校拼命教授的技能，是用在将来可能会被人工智能取代的工作中的。这种教育必须尽早叫停，我也不想让孩子去学校学习这些。这样一想，我学习了很多始于亚里士多德、苏格拉底的古今中外教育理论，然后从中领悟到，**教育具有时代性和地域性，**并不存在学哪个绝对好的普遍性教育。就是说，教育必须根据时代发生改变。

举个简单的例子。日本在战国时代，拼命教授武术和马术等在战场上保命的技能。但是现在已经没有必要让所有人掌握武术和马术了吧？现阶段必须根据“后人工智能”时代的需求改变教育。

那么应该改什么？怎么改？思来想去，我发现最应该废除的就是从近代开始发展的能力主义。考试、偏差值、按照学习能力分班等，这些成为现代教育体系主干的东西，全都是能力主义。能力主义其实没有任何依据，只是一种简单的信仰，和出生、贫富都没有关系，认为只要努力学习，就能在公司里出人头地，甚至能当上总统。这种思维方式从区分身份制度的时代来看是公平的，但是建立在这个基础上的教育发展至今，培养出了大量落伍的人。

这些落伍的人被迫放弃奋斗，认为“就算努力也是白搭”。即使是被认为“有能力”的人，也总是战战兢兢，担心不知道什么时候会被打入下层，无法获得满足感，必须全力以赴拼命努力。曾经以公平社会为目标提出的能力主义，反而造就了不公平、充满不安、不幸福的社会。所以，谁都无法获得幸福，这是现代人最根本的病理。

当我发现学校的教育体系在不断强化这一点的时候，我大受打击。因为我也曾经对能力主义深信不疑，坚信只要全力付出就好，一直以成为顶尖的创业家为目标不懈奋斗。一旦对自己深信的东西持怀疑态度，就开始怀疑一切。于是我发现人类遵循偏见生存，出现了很多擅长利用偏见的产业。大家被这些产业任意摆布，这就是资本主义最负面的东西。由此，我开始有意识地注意偏见。

采访

彼得 您认为人类的幸福、社会的幸福，在通往后资本主义时代的过程中会发生怎样的变化呢？

孙 我认为人这个物种，从生物学来讲，几千年、几万年来并没有本质的变化。能够感到幸福的时刻就是和好朋友开心地品尝美食、唱歌畅饮的时候。除此之外还有什么呢？但是当今世界，要实现这种简单的快乐是最难的。

例如，在东京这样的大城市里，没有收入是无法生存的。如果不出去工作就没有收入，核心家庭中孩子年幼的时候，如果没有人帮忙照看小孩，就只能花钱送孩子去保育园、照看学童的机构或托儿所等地方。如果抽签没有抽中公立的托儿所，就只能花更多的钱去私立托儿所。这样一来就必须挣更多的钱。加班越多，越没时间陪孩子。如果没有收入，既吃不起美味的食物，也不能去旅游，所以必须挣到很多很多钱。

如果在乡下，跟邻居老奶奶说一声“帮我看一下孩子好吗”，她会回答你：“好啊”。你就可以利用这个时间去工作去买东西。然后，如果你跟老奶奶说“总是给您添麻烦，这点谢礼虽然不多，略表心意”，她会回答“不用给钱，多见外啊。你看，这是在地里刚摘的，尝尝吧”，递给你几根黄瓜。于是，小朋友会跟老奶奶道谢：“奶奶，黄瓜真好吃。”会有这样的共同体，在生活中互相帮扶。大城市不存在这种联系，是一个匿名的无缘社会，做任何事情都要花钱。

过去的地缘社会也有不自由的一面，所以有很多人想要逃离农村。但是，今后的分散社会不一样。

例如，咱俩虽然不是近邻，关系也很亲密，聊天的时候也能得到快乐。并不是只能和本地区的人才可以交流。互相帮扶这一点，住在同一个区域的人就可以做到。应邀和邻居一起烧烤，大家一起享用日式流水素面之类的。（笑）能够这样生活下去，是未来社会的一大幸事。

第 6 章的思考

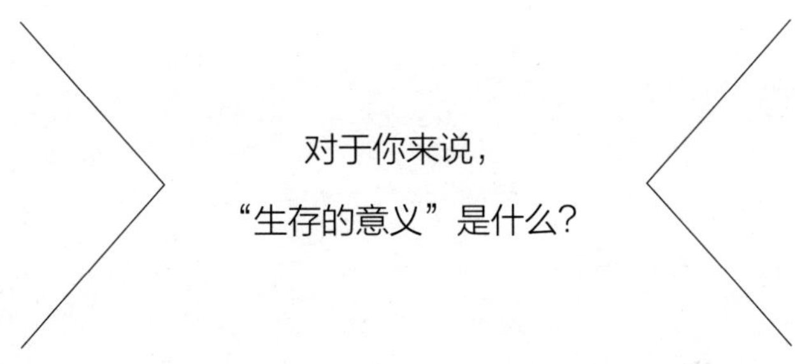

后记

人在生命的尽头，会想些什么？

最后，我想聊一聊两个年轻人的故事，他们分别在波兰和日本，相隔遥远，不幸的是都英年早逝。

其中一名是我的哥哥。我们全家都出生在波兰。1989 年波兰实现了民主化，那年我 14 岁。曾经在苏联经济封锁下苦不堪言的老百姓，深信好不容易变成了资本主义，应该能过上富足的生活。但是，现实很残酷。在资本主义思维方式下，西方来的企业开始重组本地企业，为了提高效率大幅裁员。还有的公司因为不能赚钱被击垮了。这样一来，我所在的村庄失业率迅速上升，接近 100%。

我有两个比我大很多的哥哥，他们也不例外。最初还有国家给失业人员提供补贴，但是那点微不足道的补贴不足以支撑生活。最糟糕的是，没有工作的状态让人陷入恐慌，因为无法找到人生的意义。

最终，年长的那个哥哥一直找不到工作，得了酒精依赖症。有一天醉酒之后遇到交通事故，失去了生命。他以前又聪明又帅气，在我眼里光彩照人。但是，他失去生存的意义之后，简直判若两人。本来还可以从头再学，也有重新站起来的办法，但是他放弃了。就这样只留下一句“人生没有意义”撒手而去。

另一位是来日本之后结识的朋友里美。她是一个钢琴家，非常活跃、非常耀眼，很可爱，喜欢名牌，充满自信，是一个典型的派对人士。也许有的人会觉得她有些高傲。

但是，她在 30 多岁时发现得了癌症，从此之后她的性格发生了变化。她认真聆听他人的意见，也为别人提出建议。她的朋友越来越多。33岁去世时，有很多人前来参加葬礼，来吊唁她。她说“人生是有意义的”，就这样直到生命的最后一刻，她都在努力度过快乐的人生。

> 人生是有限的——要注意这一点

我想表达的是，想象一下你的坟墓（Imagine your grave）。请试想一下人生的终点，在一步一步接近死亡、倒计时的过程中，你在思考什么？回顾走过的人生道路，你希望那是怎样的人生？

人生是有限的。谁都明白这个道理，但是在健康生活的日子里，很少有人会想起有限的人生，去反思自身的行动。在本书中接受采访的嘉宾里面，也有身患重病或者痛失亲友的，他们告诉我通过这些经历开始思考有限的人生。于是这成了人生的转机。

我个人经常强烈地意识到死亡的存在。所以，为了实现自己的梦想不断前进。前言里也介绍过，要将梦想具体化，我很重视下列四个步骤：认清自己和所处的状况；认识世界的状况；意识到自己有可选项；考虑所做选择的责任和影响。

同时，我还会注意**兼顾给予与索取（give & take）。**给予是指思考自己能给世界带来什么，贡献什么，然后提供给世界。从别人那里得到的恩惠，下次自己再帮助其他人，这也是给予。无论多小的东西，都可以成为给予。例如，无论什么对话，都把它当作是最后一次，用心让自己和对方处于比开始对话之前更好的状态。总之，是为对方做贡献，始终保持支持对方的心情，我一直很重视这一点。

另一方面，牢牢把握自己想要获得的体验和成绩也很重要，那就是索取。**我们不知道死亡会在什么时候降临，所以，要经常保持实现自我的状态，随时可以迎接死亡**，没有功夫磨磨蹭蹭。寻求安全安心，永远停留在安全地带，是不可能前进的。所以我总是先于别人对自己提出严格的要求，不断提高个人水准，在做好万全的准备之前行动起来。为此，多余的东西要果断放弃，或者说保持随时都可以放手的状态是很重要的。人生是有限的。所以才应该坚持自己的原则，聚焦自己该做的事情，否则就来不及了。

新冠肺炎疫情，让我们产生了一种恐惧感，“仅仅因为运气不好，说不定自己或者身边重要的人就会被夺去生命”。全世界的人们在这一瞬间都感受到了同样的恐惧。新冠病毒让全世界陷入了混乱状态，但是也有人借此机会，重新审视自己的生死观、生活方式、工作方式、和家人的关系。这对今后的人生一定具有重大的意义。

最后，感谢欣然接受采访的21位嘉宾，同时在各界人士的大力协助下，终于完成了本书的撰写。

编辑团队的米田宽司、佐藤淳子、星野tamae，提供宝贵建议的苍井千惠、青木千惠、佐藤博、菅原武志、岸本有之、佐藤友理、有马和歌子、西冈郁香、西本留依、片贝朋康、长田奈津子、土岛梓、丝崎诚二、冈村清香、真殿直子、佐藤公彦、山川奈绪、熊仓由实、世罗侑未、平原依文，在此向各位深表谢意。